みんなに知ってほしい
不妊治療と医療保障

ニッセイ基礎研究所

はじめに

　現在、6組に1組の夫婦が不妊に悩んでいると言われています。厚生労働省の資料によると、不妊専門相談センターへの相談件数は、2000年の4,726件から2012年の21,452件へと、5倍近くまで増加しました。

　不妊の増加要因の一つに、ライフスタイルの変化や女性の社会進出等に伴う晩婚化・晩産化が挙げられます。医療技術が進歩した今日においても、出産に最も適した年齢は以前と大きくは変わらず、男女ともにある程度の年齢になると、子どもを産む力が弱くなり、若い頃に比べると子どもを授かることが難しくなると言われています。

　しかし、不妊治療のひとつである「特定不妊治療」（体外受精など）の技術の進歩と普及により、年齢などの問題を抱えていても、子どもを授かる可能性が高まりつつあります。実際に、「特定不妊治療」の行われる件数も年々増加しており、2012年には20万件を超えました。今日、誕生する子どもの27人に1人は、体外受精・顕微授精で授かっているというデータもあります。

　こうした中で、2015年8月、日本産科婦人科学会は、不妊（症）の定義の中にある「期間」の表現を、従来の「2年間」から「1年間」に見直しました。すなわち、妊娠を希望する人に不妊の可能性のある場合は、早めに医療機関で受診し、適切な治療を受けることを促しています。

　ただ、不妊治療に要する費用は高額で、治療を受ける人には大きな経済負担となっています。特に、公的医療保険制度の対象外で全額自己負担となる「特定不妊治療」については、1回あたりの平均治療費が30万円から40万円に及び、公的助成制度はあるものの、公的助成金のみでは治療費を賄えないケースが多くあります。

　これらを背景に、金融審議会の「保険商品・サービスの提供等の在り方に関するワーキング・グループ」の報告書では、不妊治療に要する高額な費用

を経済的にてん補する保険の必要性が答申されました。

　本書では、こうした不妊治療を巡る社会環境の変化をとりまとめました。

　第1章では、妊娠の成立や不妊の原因を見た上で、不妊治療の現状についてまとめました。第2章では、不妊治療の受療実態を示しています。第3章では、不妊治療をめぐる環境整備として、公的助成制度について紹介するほか、不妊治療のブログから不妊治療受療者の意識分析を行いました。そして、第4章では、不妊治療に関する金融審議会のワーキング・グループでの議論を振り返り、その報告書の内容を解説しています。最後に、第5章と第6章では、日本の保険会社が不妊治療保険を商品開発するときの舞台裏や、諸外国の不妊治療保険を紹介しています。

　本書を通じて、読者の皆さまが、不妊やその治療についての知識を深め、さらには、不妊治療に掛かる費用やこれをてん補する保険についても関心を高めていただければ幸いです。

株式会社　ニッセイ基礎研究所

代表取締役社長　野呂　順一

目次

はじめに…2

第1章 「不妊治療」とは…11

(1) 妊娠が成立するまで…12

①排卵…12

②受精…14

③着床…15

(2) 不妊の原因とその治療…16

①女性の不妊症の原因と治療…16

　a) 排卵因子…16

　b) 卵管因子…18

　c) 子宮内膜因子…19

　d) 子宮頸管因子…19

　e) 免疫因子…20

　f) 原因不明因子…20

　g) 卵子の老化…21

②男性の不妊症の原因と治療…24

　a) 造精機能障害…24

　b) 精路通過障害…25

　c) 逆行性射精…25

(3) 不妊治療最前線(体外受精・顕微授精)…25

①体外受精・顕微授精の歴史…26

②体外受精の流れ…26

　a) 前周期からの処置…28

　b) 卵巣刺激…28

　c) 採卵…29

d）精子の採取（採精）と洗浄濃縮…29
　　　e）媒精…29
　　　f）受精確認…30
　　　g）受精卵の培養と選別…30
　　　h）胚移植…30
　　③顕微授精…31
　　　a）顕微授精の適用…32
　　　b）顕微授精の方法…33
　　④体外受精・顕微授精の現状について…33

第2章
不妊による受療者数と、受療に対する女性の意識…37

（1）不妊治療の保険適用状況…38
　①保険診療とは…38
　②不妊治療における保険診療…39
　③実施施設…39
　④費用…40

（2）不妊治療の受療実態…40
　①不妊の心配経験や治療経験をもつ夫婦の割合…41
　②不妊による受療者数の推移…42
　　　a）年間の推計受療者数…42
　　　b）年齢別の受療者数…44
　　　③高度生殖医療（生殖補助医療）による不妊治療実施件数…46

（3）不妊による受療に対する女性の意識…47
　①妊娠・出産に対する不安の内容…47
　②不妊治療に対する考え方…50
　　　a）不妊治療を検討するか。…50
　　　b）治療を受ける際の不安…51
　　　c）何があったら治療を受けるか…52

第3章
「不妊治療」をめぐる環境整備の状況と消費者意識…55

（1）国・自治体における公的助成…56

①不妊治療助成の概要…56
　a）国における特定治療支援事業制度…56
　b）助成の対象…58
　c）助成額と助成を受けられる回数…58
②自治体の独自事業としての不妊治療助成…58

（2）民間事業者における「不妊治療」への取り組み…59

①ブライダルチェック…60
②「不妊治療」を対象とした資金需要への支援…60
③勤務先企業・健保組合等における「不妊治療」への支援…61

（3）「不妊治療」をめぐる消費者意識
　　〜「不妊治療」ブログから見る消費者意識…61

①分析に用いた「不妊治療」ブログ…61
②ブログ記事中で用いられている語句間の関連…62
③30代、40代の「不妊治療」における意識・感情…65

第4章
金融審議会ワーキング・グループの報告書と留意点…69

（1）不妊治療を保障する保険の取扱いを保険会社に認めた金融審議会ワーキング・グループの報告書…70

①なぜ、ワーキング・グループ？　保険会社に対する監督とワーキング・グループ…70
　a）保険会社に対する監督…70
　b）保険監督におけるワーキング・グループの位置付け　金融審議会とは

…71
　　②ワーキング・グループの検討内容…71
　　③不妊治療を保障する保険に関するワーキング・グループの報告内容…72

（2）不妊治療を保障する保険を保険会社に認めるための保険業法等の整備…72

（3）ワーキング・グループ報告書で示されたもの…75
　　①ワーキング・グループの議論で、たたき台とされた商品イメージ…75
　　②不妊治療を保障する保険の意義と保険会社が当該商品を取り扱うことの是認…76
　　　a）不妊治療を保障する保険へのニーズ…76
　　　b）不妊治療を保障する保険を保険会社に認めることは妥当か…77
　　③不妊治療を保障する保険を実際に商品設計する場合に留意すべき事項…78
　　　a）合理的な保険料を算出するための保険数理上のデータが不足している…79
　　　b）逆選択、モラルハザードを回避する直接的な手段を見つけることは容易ではない…80
　　　c）消費者にとってわかりやすい商品とすることが求められる…81
　　④不妊治療を保障する保険に関するワーキング・グループ報告書の結論…82

第5章 日本での民間保険会社の取り組み…83

（1）不妊治療保障の3つの特徴…84
　　①給付事由の設定…85
　　　a）給付はどのようなときに行うのか（給付事由は、どう設定するのか）…85
　　　ア．対象を状態給付とするか、治療給付とするか…85
　　　イ．給付は施術単位で行うか、一連の治療プロセスに対して行うか…85
　　　ウ．どのような施術を給付対象とするか…86
　　　　ⅰ．一般不妊治療…86
　　　　ⅱ．高度生殖医療…86
　　　b）施術給付を設定する際に、細部でどのような検討が必要となるか…87
　　②逆選択・モラルリスクへの対応…88
　　　a）不妊治療保障に予想される逆選択やモラルリスクとは？…88

　　　　b）逆選択やモラルリスクへの対応…89
　　　ア．複数の保障を束ねて一つの保険として提供する方法…89
　　　　ⅰ．医療単品方式…90
　　　　ⅱ．特約方式…90
　　　イ．給付金額を制限する方法…91
　　　　ⅰ．治療1回あたりの給付金額に上限を設ける方法…91
　　　　ⅱ．給付回数に限度を設ける方法…91
　　　　ⅲ．給付金の累計額に上限を設ける方法…92
　　　ウ．給付期間を制限する方法…93
　③発生率の設定…94
　　　a）医療技術の進展等への取り組み…94
　　　b）保険料の設定…95

（2）不妊治療保障に関する様々な留意点…96

　①不妊治療保障の位置づけ…96
　②契約項目の具体設計…99
　　　a）保険の対象（被保険者）…100
　　　b）公的助成制度との関係…101
　　　c）保険期間…102
　　　d）加入年齢の設定…103
　　　e）婚姻条件の設定…104
　③給付の設計…105
　　　a）不妊治療を受けずに出産した加入者への給付…105
　　　b）給付を受けた加入者の出産祝金など…106
　　　c）出産祝金の給付額は、どのように設定するか…106
　　　d）不妊治療をやめた加入者に対しての保障変更や給付…107
　　　ア．不妊治療保障のみの解約を取り扱う方法…107
　　　イ．満期給付を設定しておく方法…107
　④実務面の検討…108
　　　a）加入時の危険選択（告知）…108
　　　b）告知義務違反への対応…109
　　　c）契約者の収入要件…110
　　　d）解約時の返戻金…111
　　　e）配当金…112
　　　f）代理懐胎への給付…113
　⑤その他の実務上の検討…115
　　　a）資産運用…115

    b）再保険の活用…116
    c）プーリングの活用…116
    d）団体保険として、不妊治療保障を取り扱うことは可能か…117
  ⑥保険の普及と契約者保護…118
    a）広告や宣伝…118
    b）契約締結時の留意点…119
    c）不妊治療関連のサービス…120

第6章
海外における取り組み…123

（1）各国の不妊治療保障の概要…124

  ①アメリカ…124

  ②イギリス…126

  ③フランス…127

  ④ドイツ…128

  ⑤カナダ…128

  ⑥スウェーデン…129

  ⑦韓国…129

  ⑧オーストラリア…129

  （参考）　不妊治療の取り扱いの事例（アメリカの保険会社の事例）…134

  ①ユナイテッドヘルスケア社の不妊治療の取り扱い…134

  ②エトナ社の不妊治療保障の取り扱い停止事例…135

第1章

「不妊治療」とは

不妊治療を理解するためには、まず妊娠がどのように成立するのかを理解しなければなりません。それでは、妊娠が成立するまでの過程を簡単に説明して参りましょう。

（1）妊娠が成立するまで

① 排卵

女性の体は初潮を迎えてから排卵と月経を毎月繰り返しながら、妊娠に備えます。

月経から排卵が始まるまでに、大脳の下に位置する脳下垂体（のうかすいたい）と呼ばれる内分泌器官から下垂体ホルモンの卵胞（らんほう）刺激ホルモン（FSH）が分泌され、その刺激により卵巣の中にあるいくつかの卵胞（らんそう）（卵子を含んだ袋状の細胞の集合）が成熟を始めます。

その中から最終的に主席卵胞と呼ばれる一つの卵胞だけが成熟し、この成熟卵胞が脳下垂体から一過性に大量分泌される黄体形成ホルモン（LH）の刺激を受けて卵子を排出します。これが排卵です。

排卵が終了した卵胞は黄体（おうたい）と呼ばれる黄色い脂肪の塊のようになり、エストロゲンと呼ばれる卵胞ホルモンとプロゲステロンと呼ばれる黄体ホルモンを分泌します。これらのホルモンの作用により、受精卵が子宮内膜に着床しやすいように内膜を増殖させてベッドメーキングします。（図1）

図1．ホルモンの動きと排卵および子宮内膜の周期的変化

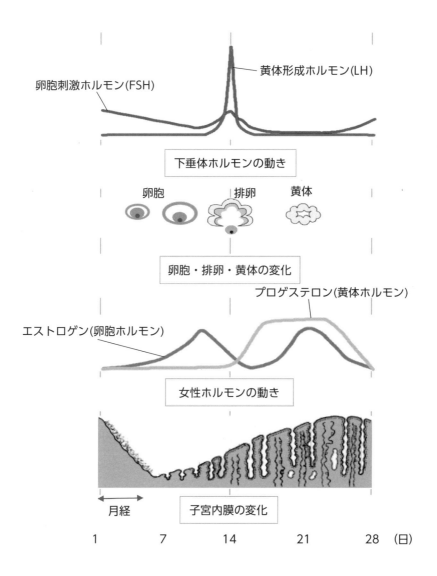

② **受精**

　一方、排卵された卵子は卵巣から放出され、卵管の先にある広がった入り口である卵管采から卵管の中に取り込まれます。そして、その少し奥にある卵管膨大部という場所で受精に備え精子を待ちます。

　性交渉によって膣内に射出された精子は子宮頸管という細いトンネルのようなところを通って子宮腔に入っていきます。

　排卵の時期に合わせ、頸管粘液と呼ばれる粘液が分泌されて通りやすくなった子宮頸管を精子は通過し、子宮腔そして卵管を通って卵管膨大部に達します（図2）。

　射精された精子は膣内で99％以上死滅するため、実際に卵管膨大部までに到達する精子は数十〜数百と言われています。

　この卵管膨大部にたどり着いた精子は卵子の周りに群がります。そのうちの1個の精子が卵子の中に入ると、その瞬間卵子の周りにバリアが張られて、他の精子は入れなくなります。これが受精です。

　排卵の時期に合わせて、受精のための環境が整えられますので、妊娠にはこの時期の性交渉がとても重要です。

図２．子宮・卵管・卵巣の構造と受精

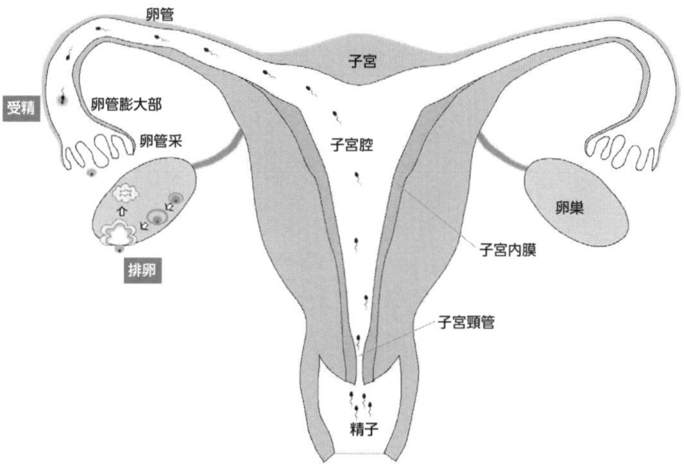

③ 着床

　受精してできた一つの細胞、即ち受精卵は２、４細胞胚、８細胞胚、桑実胚（図３）と細胞分裂を繰り返しながら、卵管から子宮へと運ばれます。

　受精後５日ほどすると、受精卵は胚盤胞と呼ばれる状態にまで分化して子宮腔に到達し、７日目には前述した卵胞刺激ホルモンや黄体形成ホルモンによって着床しやすいようにベッドメーキングされた子宮内膜の中にもぐり込んで絨毛の根を張ります。これを着床といいます。（図３）

　着床した後、絨毛からヒト絨毛性ゴナドトロピン（hCG）と呼ばれるホルモンが分泌されるようになりますが、いわゆる市販の妊娠判定検査薬は尿の中のこのホルモンを感知する検査薬です。通常、この検査で受精後２週間以降、妊娠判定が可能となります。

　そして、受精３週間後に超音波検査で胎嚢が確認できるようになり、４週間後に胎児の心拍が確認できるようになります。ここまでくれば、妊娠の成立は確実で、婦人科クリニックで「妊娠おめでとうございます」

と告げられることとなります。

図3．受精卵の移動と着床

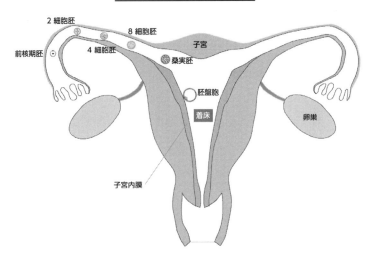

（2） 不妊の原因とその治療

　前項では妊娠の成立までを簡単に説明しましたが、不妊の原因は排卵・受精・着床のいずれの段階にも潜んでいます。しかも、複雑な過程を経て、妊娠は成立しますので、原因は一つだけとは限らず重複するケースや原因不明のものも数多くあります。また、受精は女性の卵子と男性の精子が出会わなければ成立しませんので、男性側も不妊の原因となります。
　では、女性・男性それぞれで認められる不妊の原因を見ていきます。

① **女性の不妊症の原因と治療**
　a） 排卵因子
　　不妊の原因となる主な排卵障害を挙げます。

― 脳下垂体からのホルモン分泌異常による排卵障害

　排卵は脳下垂体からの卵胞刺激ホルモンや黄体形成ホルモンによってコントロールされています。月経不順や無月経の人はこれらホルモンの分泌不全によって、正常な排卵が起こらなくなり不妊となります。例えば、極端な肥満や過度なダイエットによる過剰な体重減少、環境の変化などに伴う大きな精神的ストレスのようなものでも生じます。

　その際ホルモン分泌に作用する排卵誘発剤の経口投与やホルモンそのものであるゴナドトロピン製剤を注射を使って投与するなどして排卵を促します。

― 高プロラクチン血症による排卵障害

　乳汁を分泌させるプロラクチンというホルモンが過剰になると排卵をしにくくなります。授乳中の女性が妊娠しにくいのはこのためです。

　脳下垂体にプロラクチンを産生する小さな腫瘍ができるなどの理由で血中プロラクチン濃度が上昇すると、排卵障害を来し不妊となります。

　腫瘍が大きい場合は手術が必要となることもありますが、通常はプロラクチンの分泌を抑える薬を用いて排卵を誘発し、腫瘍に対する治療も特に必要としません。

― 多嚢胞性卵巣症候群

　卵巣に小さな嚢胞が多発し、排卵に係るホルモンのバランスがこわれ、男性ホルモンである血中テストステロンが高値を示します。男性ホルモンのため、ひげが生えたり毛が濃くなるなどの男性化兆候が見られたり、インスリンと関連して肥満を来したりする疾病で、排卵障害を生じて不妊の原因となります。

　治療としては、クロミフェンなどの経口排卵誘発剤やホルモンの注射

で排卵を誘発し妊娠に結び付けます。薬剤だけでは排卵が起こらない場合、卵巣表面に穴を開け排卵を起こりやすくする卵巣多孔術（らんそうたこうじゅつ）という手術をすることもあります。また、インスリンの代謝と密接に関連する疾病でもあるので、食事療法や糖尿病薬の服用で改善を促すケースもあります。

― 早発卵巣不全

通常、日本人女性は45歳から56歳の間に閉経を迎えますが、まだ若い20代や30代にも拘（かか）らず、卵巣の中の卵子がなくなってしまい排卵が起こらなくなる状態です。

わずかに残った卵子を排卵させる目的でホルモン治療がまれに排卵に結び付くこともありますが、卵子自体が枯渇していますので、排卵そして妊娠に結び付けるのは非常に難しいと言わざるを得ません。

b) 卵管因子

卵管の閉塞（へいそく）や卵管周囲の癒着（ゆちゃく）などによって排卵された卵子が卵管に取り込まれにくくなったり、卵子や精子が卵管を通過できず、卵子が精子と出会えないことで不妊となることがあります。

原因として、クラミジアなどの感染による卵管炎や腹膜炎、腹腔（ふくくう）内の手術による卵管周囲の癒着、子宮内膜症による癒着などが挙げられます。

卵管の閉塞の治療として、閉塞部を再開通させるため、顕微鏡手術や腹腔鏡下手術、卵管鏡下手術などが行われます。しかし炎症が原因で卵管が閉塞した場合は手術により再開通したとしても妊娠率はさほど改善しません。

卵管采の癒着がある場合は腹腔鏡下で癒着をはがす手術を行いますが、術後再癒着してしまうことも多く、必ずしも妊娠率は改善しません。

また、子宮内膜症で卵管障害を来した場合、卵巣に生じた異所性子宮内膜に起因するチョコレート嚢胞を切除する手術なども行われますが、やはり妊娠に結び付けることは容易ではありません。

従って、近年では卵管障害による不妊に対しては（3）不妊治療最前線（体外授精・顕微授精）（25頁）で詳しく述べる体外受精を行うことが多くなっています。

c) 子宮内膜因子

受精卵は分割を繰り返しながら子宮内に到達し子宮内膜に潜り込んで着床するのですが、子宮筋腫（きんしゅ）で子宮内膜が内側に隆起していたり、子宮ポリープができていたり、子宮内腔が癒着するなどして着床しにくくなって不妊を来すことがあります。また、双角子宮（そうかくしきゅう）や重複子宮（じゅうふくしきゅう）、単角子宮（たんかくしきゅう）などの先天的な子宮奇形によって着床しにくくなっていることもあります。

その際は、手術で子宮筋腫や子宮ポリープを切除したり、子宮奇形に対する手術をしたりします。

排卵だけでなく子宮内膜もホルモンによってコントロールされており、排卵後に卵胞が変化してできた黄体から黄体ホルモンが分泌され、子宮内膜を受精卵が着床しやすい状態としますが、黄体機能不全で十分なホルモンが分泌されないと受精卵は着床しにくくなります。

黄体機能不全に対する治療としては黄体ホルモンの内服や注射を行ったり、hCGの注射などが行われます。

d) 子宮頸管因子

排卵期には頸管粘液と呼ばれる粘液が多量に分泌されて頸管を満たし、精子が通過しやすい状態を作るのですが、この頸管粘液量が少なく

なった場合、精子が子宮頸管そして子宮腔を経て卵管に到達しにくくなるため、受精が阻害されることとなります。

　頸管粘液量が減少する原因はいくつかあるのですが、これに対応する確実な治療法がないため、子宮頸管部をバイパスして、子宮腔まで直接精子を送り込む人工授精が最も確実な治療法となります。

e)　免疫因子

　何らかの免疫異常で精子に対する抗体である抗精子抗体を産生する女性がいます。抗精子抗体にはいくつか種類があるのですが、特に精子の運動を阻害する精子不動化抗体を産生する場合、精子が移動できなくなって受精できず不妊となります。

　治療としては抗体価が低い場合は人工授精でも妊娠に結び付けられる場合がありますが、抗体価が高い場合や低くても人工授精では妊娠しない場合は体外受精を行うこととなります。

f)　原因不明因子

　不妊にはこれまで述べてきたように様々な原因があり、それを突き止めるため各種の検査を行いますが、実際には検査では明らかな原因が見つからない不妊が数多く存在し、原因不明の不妊は3分の1に達するとも言われています。

　身体的負担の大きい腹腔鏡検査まで行えば原因不明の不妊はかなり減るとも言われていますが、最近は徹底して原因を究明してそれに対応する不妊治療を行うよりも、ほぼ全ての不妊原因に対応できる体外受精を早めに選択することが増えています。しかし、それが原因不明の不妊を増加させているとも言われています。

　検査で原因不明であっても、治療としてすぐに体外受精が選択される

訳ではありません。受精する確率を高めるためには、「(1) 妊娠が成立するまで」で説明したように、排卵期に性交渉をすることが不可欠です。まずは、基礎体温を測定して月経のパターンを知るとともに、超音波検査により卵胞径の計測や尿中黄体形成ホルモンの測定を行って、正確な排卵日を知り自然妊娠の確率を引き上げるタイミング指導を実施します。

そして、自然周期におけるタイミング指導でも妊娠に結び付かない場合は、クロミフェンなどの経口、排卵誘発剤の服用や、排卵に係るホルモンの注射で排卵を促し妊娠の可能性を高めていきます。それでもなお妊娠に結び付かない場合は人工授精そして体外受精・胚移植(はい)へと不妊治療を進めていくこととなります。

g) 卵子の老化

閉経を迎えれば、排卵は行われなくなるので当然妊娠は望めませんが、閉経前で排卵が行われていても、卵子の老化は進行し、妊娠の可能性は低くなっていきます。

これは、精子と異なって卵子は女性が胎児のときに作られるため、女性が年齢を重ねるにつれ卵子も老化していき、卵子の質自体が低下していくためです。

米国疾病予防センター(Centers for Disease Control and Prevention：*CDC*)が発表した体外受精・胚移の植統計を図4に示します。下の折れ線は、本人の新鮮卵子を用いた受精卵を使用して胚移植(子宮に着床)した場合の出生率です。女性の年齢とともに明らかに出生率は低下していき閉経年齢に差し掛かる45歳以降はほとんど出生を望めません。一方、上の折れ線は、若い健康な女性から提供された卵子を用いた受精卵を使用して胚移植をした場合の出生率です。加齢とともに出生率は多少悪化

するものの卵子自体の老化はありませんので45歳を過ぎても高い出生率を示しています。

つまり、この二つの折れ線の格差が即ち卵子の老化による質の低下ということになりますが、いかに加齢の影響が大きいかということがご理解いただけることと思います。

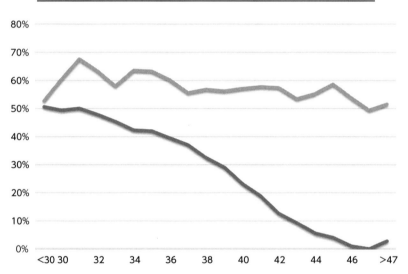

図4．提供卵子および本人の卵子胚移植の年齢による出生率の違い

（米国疾病予防管理センターの生殖補助医療統計2013から引用）

では、なぜ卵子の老化が生じると子宮に着床しても流産が増え出生しないのでしょう。これは卵子が老化し質が低下すると染色体異常が増加し流産してしまうからです。

図5．本人卵子胚移植時の年齢別流産率

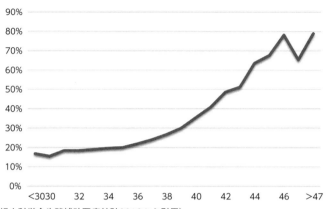

（日本産婦人科学会生殖補助医療統計2012から引用）

　たとえ、無事出生にまで結び付いたとしても、生まれてくる子どもの染色体異常の頻度は女性の年齢が高くなるにつれ、図6に示すとおり急激に高くなっていきます。

図6．女性の年齢と子どもの染色体異常の頻度

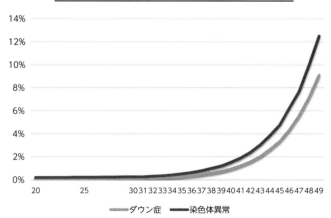

（Hook EB. Rates of chromosomal abnormalities at different maternal ages. Obstetrics and Gynecology 58:282-285,1981　より引用）

残念ながら、卵子の老化による質の低下に対しては手の打ちようがありません。特に女性が35歳以上で不妊の疑いがある場合は、少しでも早く治療に取りかかり卵子の老化の影響を抑えることが重要であるということがおわかりいただけると思います。

② 男性の不妊症の原因と治療

受精は男性の精子と女性の卵子が出会って初めて成立します。したがって、精子の数が少ない、精子の運動率が低い、精子に形態異常があるというような精子に問題があって妊娠できない場合が男性の不妊症ということになります。

不妊と言えば女性が原因のように思われるかもしれませんが、不妊において何らかの形で男性側にも原因のあるものは3分の1から半分近くに及ぶとも言われており、不妊症の治療は女性だけの問題ではありません。

a) 造精機能障害

精子をうまく作れず、十分な精子ができない状態を指します。

原因としては流行性耳下腺炎（おたふくかぜ）のウイルスによる精巣炎の場合や、陰嚢の周りの血管が拡張する精索静脈瘤により精巣の温度が上昇し造精機能が障害される場合、精巣が腹腔内や鼠蹊部にとどまり陰嚢内に降りてこない停留睾丸で造精機能が障害される場合、染色体異常や遺伝子異常による場合、そして脳下垂体からのホルモン分泌異常による場合などがあります。

精索静脈瘤や停留睾丸などに関しては手術が行うことで造精機能が大きく改善することもありますが、必ず回復するものでもなく、ある程度

障害は残ってしまいます。

　したがって、治療を行いつつも精子の状態を検査し、精子の数が少ない場合や運動率が低い場合は採取した精子を洗浄・濃縮して人工授精を行ったり、その程度が重い場合は卵子の細胞質内に非常に細いガラスのピペットを使用して形がよく動きのよい精子を直接注入する顕微授精を行ったりします。

b)　精路通過障害

　精子を運ぶ精管が部分的に欠けたり、詰まったり、狭くなるなどして精子が通過できず、射精された精液中の精子の数が減り、乏精子症や無精子症となったものです。原因としては、炎症による精管の閉塞や先天的な欠損などがあり、治療としては閉塞している部分を顕微鏡下でつなぎ合わせるマイクロサージェリーによる精路再建手術があります。

　実際には、射出された精液中に少しでも精子があれば、それを用いた顕微授精を行うことが多いです。また、精液中に精子がいなくても、精巣上体や精巣に生きた精子が存在すれば、それを取り出して顕微授精が行われます。

c)　逆行性射精

　精液が尿道ではなく膀胱(ぼうこう)の方に射精されるため、射精後の精液及び精子は尿に混じってしまいます。射精直後の尿を採尿し尿中の精子を回収して人工授精や顕微授精を行います。

(3)　不妊治療最前線(体外受精・顕微授精)

　ここからは、最新の生殖補助医療である体外受精・顕微授精について解

説していきます。

① **体外受精・顕微授精の歴史**

　卵管異常によって９年間も不妊に悩んでいた夫婦に対して、卵子を体外に取り出して受精させ、その受精卵を子宮に戻すことで、卵管を経由せず妊娠させるという初めての治療が1978年英国で行われました。これが人類最初の体外受精となりますが、日本では1983年に東北大学で初めて体外受精による出産に成功しています。

　さらにごく細いガラス管を使って精子を直接卵子の細胞質内に送り込んで授精させる卵細胞質内精子注入法（通常、顕微授精と呼ばれます）による妊娠・出産が1992年にベルギーで初めて行われました。そして、２年後に日本でも実施され、妊娠・出産に至っています。

② **体外受精の流れ**

　体外受精の流れをまず簡単に図示します。図７を参照ください。

図7．体外受精・胚移植の流れ

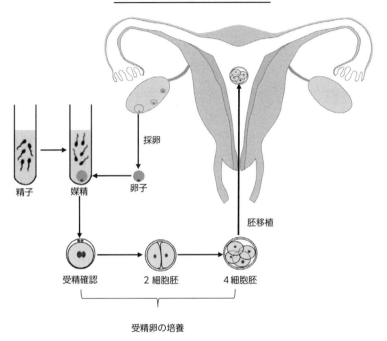

a) 前周期からの処置（卵巣刺激に先立って、卵胞の育成を抑えるとともにその質を高めます）

↓

b) 卵巣刺激（排卵誘発剤で卵巣を刺激し卵胞の成熟を促します）

↓

c) 採卵（成熟卵胞から卵胞液ごと卵子を体外に採取します）

↓

d) 精子の採取（採精）と洗浄濃縮（精子を採取し、洗浄・濃縮処理をします）

↓

e) 媒精（卵子に精子を振りかけて、受精させます）

↓

f）受精確認（卵子および精子両者からの前核を観察し受精確認をします）

↓

g）受精卵の培養と選別（体外で受精卵を培養し、分裂した胚をグレード付けします）

↓

h）胚移植（子宮内に培養した胚を戻し着床を待ちます）

　上記は簡単に体外受精の流れを示したものです。以下に各段階の内容とバリエーションについて示していきます。

a）　前周期からの処置
　排卵抑制剤を使用して卵胞が育たないようにして、排卵をコントロールします。採卵前の排卵を防止するとともにその質を高めます。

b）　卵巣刺激
　自然周期に任せた場合排卵する卵子は1個ですが、体外受精では一度の採卵で複数の卵子を得るために排卵誘発剤を使用して複数の卵胞を成熟させるのが普通です。卵巣刺激においては排卵を抑えつつ卵胞の成熟を図る必要がありますが、使用する排卵誘発剤やホルモン抑制剤などにバリエーションがあるだけでなく、投与方法も内服・点鼻・注射を用いたり、投与期間にも長短があるなど様々なバリエーションがあります。
　排卵誘発剤による卵巣刺激を避け、より自然な形での採卵を望む場合、自然周期採卵や低刺激周期採卵を勧める医療機関もあります。自然周期採卵では1個しか採卵できませんし、低刺激周期採卵では複数採卵でき

たとしても5個程度までです。また、採卵前に自然排卵が生じてしまい、採卵できないこともあります。

　卵巣刺激についてはいろいろなバリエーションがありますので、信頼のおける専門医に十分な説明を受けて選択する必要があります。

c)　採卵

　超音波検査で確認された卵胞の大きさやホルモンの動きなどから排卵準備状態を確認し、黄体形成ホルモン作用を有するhCG（ヒト絨毛性ゴナドトロピン）を注射して卵子の最終成熟を促します。

　hCG注射をして34～36時間後、成熟した卵胞が破裂し排卵する前に、超音波を用いて卵巣内の卵胞の位置を確認しつつ、膣壁経由で採卵針を差し入れるなどして、卵胞液ごと吸引して卵子を体外に取り出し、培養液の入った容器に移します。

d)　精子の採取（採精）と洗浄濃縮

　パートナーから精液を採取します。採取された精液内には、細菌や白血球、死滅精子などが含まれることがあるので、専用の処理液で洗浄し遠心分離器などを使用して、元気な精子のみを選別します。

　採卵に合わせて採精しますが、事前に採精しておいて凍結保存をすることも可能です。ただし、凍結した精子を融解し得られた凍結融解精子には残念ながら運動率の低下が生じます。

e)　媒精

　卵子と培養液の入った専用容器に洗浄濃縮して得られた元気のよい精子を入れて自然な受精を待ちます。培養液の中に入った精子は卵子の周りに集まり、そのうちの1個の精子だけが卵子の中に入り受精が成立し

ます。

f) 受精確認

翌日、顕微鏡で見ると受精が成立した受精卵には卵子由来の前核と精子由来の前核が二つ並んで確認されます。

この際二つの前核が確認できなければ未受精卵ですし、3個以上の前核が見える場合は多精子受精という異常受精卵となりますので胚移植候補から外します。

g) 受精卵の培養と選別

受精卵はインキュベーターと呼ばれる培養に最適な環境が整えられた保育器の中で育てられます。媒精後1日で2細胞胚にそして2日で4細胞胚、3日で8細胞胚となり、5日で胚盤胞に達します。自然な妊娠では、図3に示したとおり受精卵は分裂を繰り返しながら卵管を移動します。

胚を形態からグレード付けし、胚移植の優先順位を決めます。自然周期採卵は一つしか受精卵を得られないので選別はできませんが、卵巣刺激を行った場合は複数の胚を得ることが可能となります。複数の胚が得られた場合はどの胚を優先して胚移植するのか、将来の胚移植に備えて凍結するのかを胚のグレードによって決定します。

h) 胚移植

図7の胚移植は4細胞胚での例を示しましたが、実際には8細胞胚、桑実胚、胚盤胞のいずれの段階でも胚移植はなされます。胚盤胞移植が最も着床率が高いとされる一方、受精卵の培養で胚盤胞胚にまで到達する率は4細胞胚や8細胞胚などの分割胚に比べ低くなってしまいます。そのため、かつては採卵あたりの妊娠率は分割胚での胚移植も胚盤胞で

の胚移植も変わりませんでした。

　最近は培養技術の進歩により質の高い胚盤胞が効率的に得られるようになりましたので胚盤胞になるまで長期培養し胚移植を試みるケースが増えています。

　移植する胚の成長時期のバリエーションだけでなく、妊娠確率を少しでも向上させるため複数胚の移植を行うバリエーションもありました。しかし、複数胚移植は多胎妊娠につながるため、日本産科婦人科学会のガイドラインで「原則として単一とする。ただし、35歳以上の女性、または2回以上続けて妊娠不成立であった女性などについては、2胚移植を許容する」と定められています。

　以上に示した胚の育成時期と移植個数によるバリエーションに加え、培養した新鮮胚をそのまま採卵周期に戻す方法と、凍結保存した胚を解凍した凍結融解胚を採卵とは別の周期に戻す方法があります。

　新鮮胚移植の妊娠率の方が高いようなイメージがありますが、図8（後出）に示すとおり、凍結融解胚移植の方が良好です。これは、新鮮胚移植の場合、採卵周期においては卵巣刺激により子宮内膜環境が必ずしも理想的な状況となっているとは限らないからです。採卵とは別の周期に子宮内膜環境が理想的な状態となっていることを見極めて、凍結胚を融解し胚移植した方がむしろ妊娠率は高くなるのです。このことは、胚の凍結技術が進歩し、新鮮胚に比べても凍結融解胚の質に遜色がなくなったことを示しています。

③　**顕微授精**

　顕微授精は体外受精では受精が困難な男性不妊や受精障害が存在する場合、体外に取り出した卵子の細胞質内に1個の精子を直接注入し受精させる技術です。体外受精での媒精では、卵子に洗浄濃縮した精子を振

りかけて自然に受精するのを待ちますが、その部分を人為的に行うのが顕微授精であり、体外受精のバリエーションの一つとも言えます。

したがって、治療の流れは卵子の細胞質内に選別した精子を注入する部分を除き、体外受精と同じようになります。

a) 顕微授精の適用

—重度の男性不妊

総運動精子数が100万個以下（正常値は1560万個以上）の重度の男性不妊の場合は、初回から顕微授精の適応となります。また、射出精液中に精子が見当たらない無精子症の場合でも、精巣内や精巣上体に生きた精子が見つかった場合は、その精子を用いて顕微授精を行うことができます。

— 受精障害

体外受精で媒精を行ったけれども、受精が成立しなかったケース、1個の卵に2個以上の精子が受精してしまう多精子受精の発生率が高かったケース、抗精子抗体が強陽性で受精率が悪かったケースなど、受精障害があった場合は顕微授精の適応になります。

本来は重度の男性不妊と受精障害の場合が適用条件となりますが、現在は幅広く顕微授精が選ばれるようになり、実際には以下のケースでも行われています。

— 凍結精子を使用するケース

凍結融解した精子は、前述したように運動率が落ちるため、男性不妊ではない場合でも体外受精ではなく顕微授精を選択することを勧める医療機関もあります。

― 採卵数が少ないケース

採れた卵子の数が少ない場合には、より確実な受精が期待できる顕微授精を選択することを勧める施設もあります。

b) 顕微授精の方法

体外受精における媒精の段階を、選別した精子を直接卵子の細胞質内へ注入することによって代替する方法です。

卵子に精子を注入するに先立って、適切な精子を選別します。通常は、胚培養士（エンブリオロジスト）と呼ばれる専門家によって、運動能力が高く、かつ形態に異常のない精子が選ばれます。

ホールディングピペットと呼ばれるガラス管で卵子を吸引しながら固定します。選別された精子1個を入れたインジェクションピペットと呼ばれるごく細いガラス管を使用して精子を卵子の細胞質内に注入し受精を待ちます。

通常は、注入する精子は射出された精液の中から選別するのですが、前述のように、精液中に精子がいなくても、精巣上体や精巣内から生きた精子を採取できれば、その精子を使用して卵子内に注入し受精させます。

④ **体外受精・顕微授精の現状について**

体外受精・顕微授精による採卵・胚移植の実施件数、それらに基づく妊娠率並びに分娩率を最新の統計を引用して図8に示します。

2012年に日本で行われた採卵件数は体外受精・顕微授精合わせて約20万2000件に上り、半数以上が顕微授精となっています。これは男性不妊が多いと言うよりも確実な受精を期待して実質的に顕微授精を選択するケースが増えてきているためです。

胚移植件数は、受精に至らない卵子や移植キャンセルとなる場合もあ

るため、採卵件数よりも少なくなっていますが、新鮮胚移植よりも凍結融解胚移植の方が多く、4：6の比率となっています。

その結果としての妊娠率・分娩率を示していますが、体外受精の流れの中で述べた通り、凍結融解胚移植の方が子宮内膜の状態を整えて妊娠に導けるため、良好な成績を示しています。また、同じ新鮮胚移植の中で体外受精と顕微授精の成績を比べた場合、顕微授精の成績の方が少し劣ります。これは、顕微授精の中には精子の質に問題のあるケースが含まれることなどが影響していると考えられています。

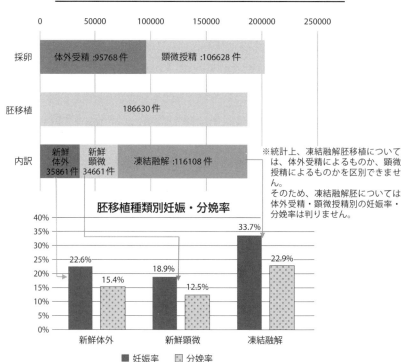

（日本産科婦人科学会　2012年分ART臨床実施成績から引用）

図９には体外受精・顕微授精による出生児数の推移を示します。20年前には4000人に満たなかったものが2012年には３万8000人近くに達しており、日本で生まれる子どもの27人に１人は体外受精・顕微授精で生まれたこととなります。つまり、今や１クラスに１人以上の体外受精・顕微授精出生児がいることとなります。

　現在、妻の初婚年齢は30歳近くに達しており（2014年統計：29.4歳）、不妊が判明する年齢が高くなっています。そのため、不妊原因を明らかにして原因に対する治療を行うことなく、幅広い不妊原因に対応できる体外受精・顕微授精を行う事例が増えてきており、このような傾向が顕著となっているのです。

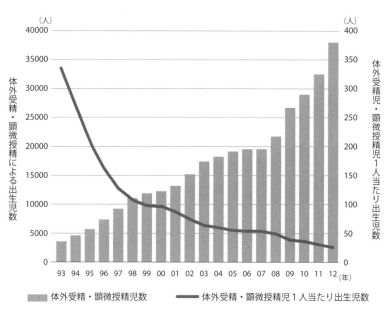

図９．体外受精・顕微授精による出生児数

（日本産婦人科学会　ARTデータブック　2012年及び人口動態統計から作成）

不妊の原因、治療は様々なものがあり、かつ、妻の年齢は卵子の老化に結び付きその影響は極めて大きなものとなっています。

　不妊治療においてなるべく自然な妊娠を望む場合は、原因を明らかにしてそれに向けた治療を行うのがよいと考えられますが、原因が不明な不妊、様々な原因が重なった不妊、原因治療を行っても妊娠に結び付かないケースなど様々な上、さらに卵子の老化まで考慮に入れて治療を考えなければなりません。

　いつ、不妊治療として体外受精・顕微授精を行うのか、また、実施にあたって様々なバリエーションの中からどれを選択するのか十分に検討する必要があります。

　したがって、不妊治療を受けるにあたっては専門医に治療方針、治療のバリエーションによるメリット・デメリットを十分に相談・確認し理解した上で、治療に臨むことが求められます。

第2章

不妊による受療者数と、受療に対する女性の意識

現在、どれほどの人が不妊で悩み、どのような治療を受けているのでしょうか。

（1） 不妊治療の保険適用状況

　不妊治療には、公的な医療保険が適用される診療と、適用されない診療があります。不妊治療に限らず、公的な医療保険が適用される診療については、国等による受療統計があります。しかし、公的な医療保険が適用されない診療については、必ずしも国等による受療統計があるわけではありません。また、公的医療保険制度が適用されるかどうかで、治療費の自己負担分は変わります。自己負担比率は診療を受けるか否かの意思決定に大きな影響を与えます。したがって、不妊治療の受療実態を見る際にも、公的な医療保険が適用される診療かどうかで区別して見るのがよいでしょう。

　ここではまず、日本の公的医療保険と、不妊症治療における公的医療保険制度の適用について簡単に紹介します。

①　保険診療とは

　日本では、国民皆保険が導入されており、日本人は生まれたときから何らかの公的医療保険に加入しています。病院等の医療施設で受ける診療には、診療内容に応じて、公的医療保険制度の対象となる「保険診療」と、対象とならない「保険外診療」があります。「保険診療」は、病気やけがの診療のために健康保険法等の法的な規定に基づいて行われる診療のことで、診療内容には法的な制限があります。この場合、受療者は医療施設の窓口で診療費用の３割（70歳未満の場合）を負担すればよいことになっています。一方、「保険外診療」は、公的医療保険制度の

対象とならない診療のことです。新薬や最先端の医療を受けることができますが、費用は全額自己負担となります。

② **不妊治療における保険診療**

不妊治療の場合、不妊の原因を探る検査や、基礎体温のつけ方指導、医師に排卵日を予想してもらうタイミング指導、卵胞の成熟を促すための排卵誘発剤の使用等、初期段階に行う診療のほとんどが、病気やけがの診療と見なされ、保険診療の対象となります。また、原因を探る過程で、何らかの異常が見つかれば、その異常についての治療は保険対象となることが多くあります。例えば、卵管疎通障害に対する卵管通気法や卵管形成術、精管機能障害に対する精管形成術等です。

しかし、タイミング指導や排卵誘発剤の使用を行っても妊娠に至らない場合に行う人工授精や体外受精、顕微授精といった診療は、保険外診療となります。

治療内容		公的医療保険の適用
一般不妊治療	タイミング指導	保険診療
	人工授精	保険外診療
高度生殖医療 (生殖補助医療)	体外受精	
	顕微授精	

③ **実施施設**

こうした人工授精や体外受精等の保険外診療は、全ての医療機関で実施されているわけではありません。体外受精・胚移植等の臨床実施施設として産科婦人科学会に登録されているものは、2015年時点で全国に587カ所です。そのうちの、およそ9割は顕微授精を行う施設としても登録されており、顕微授精の増加に対応しています。これらの施設の中

には、不妊治療を専門としている施設も多くあります。

④ 費用

人工授精や体外受精、顕微授精などの診療は、保険外診療で各施設が自由に費用を設定しています。費用については、ホームページ等で公開している施設が多いようです。

公開されている費用を見ると、人工授精は概ね1回1～3万円程度、体外受精は採卵、培養、移植を含めて20～50万円と高額です。顕微授精は、体外受精よりさらに数万円高い設定がされています（東京都の体外受精・胚移植等の臨床実施施設のホームページで公表されている費用について筆者調べ）。実際に治療を受ける場合は、これらの費用以外に、投薬等の費用も発生します。さらに、受精卵や精子を凍結保存する場合には、保管料や手数料、融解料等が発生します。

また、金額そのものだけでなく、費用の設定方法が施設によって異なります。例えば、採卵にいくら、培養にいくら、と項目別に費用を決めている施設もあれば、受精までや移植までの一連の処置で費用を決めている施設もあるようです。採卵や受精については、扱う卵子の数に応じて費用が異なる施設もあります。また、成功報酬として、処置がうまく進んだ場合に費用を受け取る施設もあります。費用の設定方法には、各施設の治療方針が色濃く反映されているのでしょう。

(2) 不妊治療の受療実態

不妊治療を受けている人は、現在、どれぐらいいるのでしょうか。

女性の場合、年齢にともなって卵子も老化します。また、子宮や卵巣の病気を発症しやすくなります。男性も、精子の量や運動率が低下します。

したがって、近年の晩婚化により、年齢を理由とした不妊症は増えていると推測できます。また、不妊に関する情報が増え、不妊治療に対する理解が進んだことによって、不妊治療を行う人が増えていると言われています。

しかし、不妊治療の受療者数を正確に把握できる統計はありません。子どもがいないからと言って不妊症というわけではありませんし、不妊症は、必ず治療しなくてはならないような病気ではないため、把握することが難しいのです。

以下に、受療者数の概要を知ることができるいくつかの統計を紹介します。

① **不妊の心配経験や治療経験をもつ夫婦の割合**

国立社会保障・人口問題研究所が実施したアンケート調査[1]によれば、妻の年齢が50歳未満で、結婚後15～19年の夫婦のうち、過去に不妊の心配をしたことがある割合は29.3％と全体の3割近くにのぼります。また、その半分以上にあたる約15.6％の夫婦が、現在、不妊治療中、あるいは、これまでに治療経験があります。この治療経験がある夫婦の割合から、「夫婦の6組に1組が不妊症」等と言われることがあります。

過去の同調査と比べると、不妊の心配をしたことがある夫婦は、2002年調査では20.0％、2005年調査では21.7％、2010年調査では27.6％、2015年調査では29.3％と調査を経るごとに増加しています。また、不妊治療の経験がある夫婦も2002年調査の12.1％から2015年調査の15.6％に増加しています。

---

1 2010年実施。初婚どうしの夫婦（妻の年齢が50歳未満）を対象とした全国標本調査。

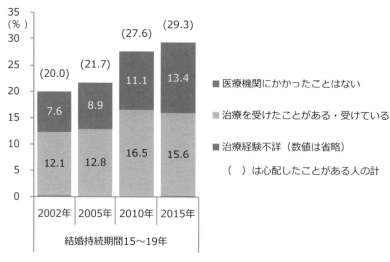

図1．不妊の心配したことのある夫婦（結婚15～19年の夫婦）

資料　国立社会保障・人口問題研究所「出生動向調査(各年)」

② 不妊による受療者数の推移

a) 年間の推計受療者数

　続いて、不妊を理由として医療施設で保険診療を受けた20〜49歳の年間の推計受療者数の推移を男女別に示した資料があります（図2）。ここで示した不妊を理由とする保険診療とは、前項で紹介したとおり、不妊症の原因を探るための検査を含めて初期段階で行われる診療のことで、この先、体外受精等の高度生殖医療（生殖補助医療）を行う人もいれば、何の治療も行わない人もいる点には注意が必要です[2]。

　このデータによると、2014年に不妊を理由に受療したのは、女性が推計約50万人、男性が推計約17.6万人でした。2009年からの時系列で

---

[2] 受療者によっては、専門のクリニック等で最初から保険外診療を受けるケースもあると見られます。その場合、このグラフの数字には含まれません。

見ると、男女とも受療者数が徐々に増加していることがわかります。2010年の国勢調査における20〜49歳の有配偶者数は、女性が約1351万人、男性が約1183万人ですから、年間で有配偶女性の約3.7％程度、有配偶男性の約1.5％程度が受療している計算となります。

前章でも触れたとおり、不妊の3分の1から半分近くが男性側に原因があるとされています。しかし、このデータによれば、男性の受療者数は女性の受療者数と比べて、そこまでは多くありません。

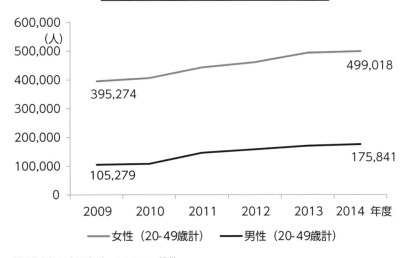

図2．不妊を理由とする推計受療者数（年間）

（資料）（株）日本医療データセンター提供
（注）健康保険組合加入者（合計およそ260万人）のレセプト（診療報酬明細書）データから、20〜49歳の加入者について、性別年齢別の該当疾病による受療率を算出[3]し、その率を使って全国の性別年齢別人口の受療者数を推計したもの。受療者によっては、専門のクリニック等で最初から保険外診療を受けるケースもあると見られるが、その場合は、このグラフの受療者数に含まれない。

---

3 算出には、該当疾病として、ICD10（国際疾病分類第10版）の「N46：男性不妊（症）」「E230：下垂体機能低下症」「N970：無排卵に関連する女性不妊症」「N971：卵管に原因する女性不妊症」「N972：子宮に原因する女性不妊症」「N973：子宮頸（部）に原因する女性不妊症」「N979：女性不妊症、詳細不明」の確定診断を受けたデータを使用しています。

b) 年齢別の受療者数

　受療者の性年齢別の動向を見るために、性年齢別の年間の推計受療者数を、それぞれ人口で割った受療率の推移を示します（図３）（図４）。

　女性の受療率を見ると、最も高いのが30～34歳で、2014年には4.13％が受療しています。次いで35～39歳、25～29歳の順となっています。時系列で見ると25～44歳はいずれも、2009年以降受療率が上昇していることがわかります。一方、20～24歳と45～49歳の受療率は他の年代と比べて低く、時系列で見ても上昇していません。20～24歳については、現在、妻の初婚年齢が30歳近く[4]で、この年代の９割が未婚（2010年国勢調査）であることから、人口に対する受療率は、図３のように他の年代に比べて低い水準となります（20～24歳についても、既婚者に対する受療率では30歳代と同程度に高くなります〈図省略〉）。また、40歳以上については、７割以上が既婚（2010年国勢調査）であることから、既婚者に対する受療率を見ても、他の年代に比べて低い水準にとどまります（図省略）。この年代では、既に子どもがいる、あるいは、不妊治療による効果が期待しにくい等の理由から、今後の出産を希望する人が20～30歳代と比べて少ないからだと考えられます。

　男性の受療率は、女性と比べて低い水準にとどまっています。年齢別に見ると、最も高いのが35～39歳で、2014年には1.38％が受療しています。次いで30～34歳、40～44歳の順に高く、20～24歳の受療者はほとんどいません（既婚者に対する受療率で見ても同様の結果にとどまっています〈図省略〉）。このデータによると、男性は全般に女性より高い年齢層で受療が多い傾向があります。現在、夫婦間の年齢差は小さ

---

[4] 厚生労働省「人口動態調査」によると、2014年時点の女性の平均初婚年齢は29.4歳となっています。

くなってきていますが[5]、平均的に夫の方が年上であることや、子どもができない場合に妻が先に受療することが多いことが、理由として考えられます。

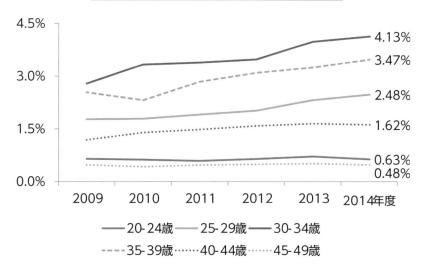

図3．女性の年齢別 年間受療率[受療者数／人口]

4.13%
3.47%
2.48%
1.62%
0.63%
0.48%

―― 20-24歳　―― 25-29歳　―― 30-34歳
--- 35-39歳　……40-44歳　……45-49歳

（資料）（株）日本医療データセンター提供

---

[5] 2014年人口動態調査によると、夫と妻の年齢差は、初婚で1.7歳、再婚で2.2歳。時系列でみると、縮まってきています。

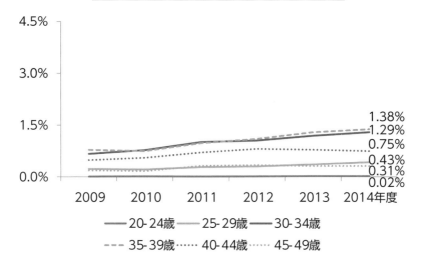

図4．男性の年齢別 年間受療率[受療者数／人口]

（資料）(株)日本医療データセンター提供

③ 高度生殖医療（生殖補助医療）による不妊治療実施件数

　最後に、全国で行われた体外受精、顕微授精、凍結融解胚等の高度生殖医療（生殖補助医療）の実施件数の推移を示します（図5）。高度生殖医療（生殖補助医療）は保険外診療で、体外受精・胚移植等の臨床実施施設として産科婦人科学会に登録されている施設で実施されたものです。

　2012年の実施件数は、体外受精・顕微授精あわせておよそ20万件と産科婦人科学会から報告されています。実施件数は1992年以降増加を続けており、この10年間で約2.9倍となっています。治療それぞれについて実施件数の推移を見ると、いずれも増加していますが、特に顕微授精の件数が増加しています。

　ただし、こういった治療によって生まれた子どもは、第1章図9で見たとおり2012年におよそ4万人となっています。不妊治療を受けたとしても、必ずしも子どもを授かれるわけではありません。

図5．体外受精・顕微授精実施件数

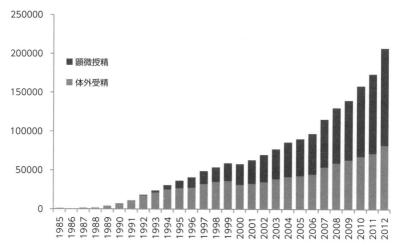

（資料）日本産科婦人科学会「日本産科婦人科学会誌66巻9号」より作成

（3） 不妊による受療に対する女性の意識

　　多くの女性にとって、妊娠や出産は男性に比べ不妊症に対する関心も高いと考えられます。ここでは20～44歳の女性を対象に行ったアンケート調査[6]から、不妊や不妊治療に対する考え方を紹介します。

① 妊娠・出産に対する不安の内容

　　図6は、出産を希望している女性（妊娠中の女性を除く）に対して、妊娠や出産にどのような悩みや不安を抱えているかのアンケート調査の結果、割合が高い順に10項目を示したものです。その結果、「妊娠しやすい身体か」という悩みや不安は全体の41％と、「生まれてくる子ども

---

6 （株）ニッセイ基礎研究所が2015年7月実施したインターネット調査。有効回答数は3150サンプル。全国の20～44歳の女性が対象。年齢別の人口分布にあわせて回収。

が健康か（50％）」に次いで高い割合になっています。子どもがいない既婚女性では特に高く、「生まれてくる子どもが健康か」をわずかに上回って半数以上が悩みや不安を感じているようです。また、既に子どもがいる既婚女性でも３割近くが同様の悩みや不安を感じており、「妊娠しやすい身体か」は、妊娠・出産を考えている女性にとって大きな悩みや不安の一つとなっていることがわかります。

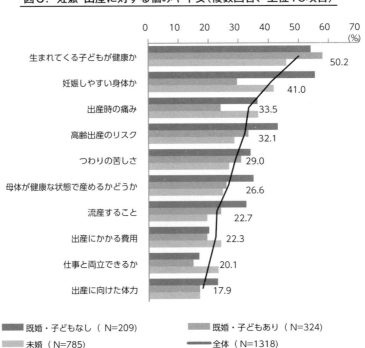

図６．妊娠・出産に対する悩みや不安（複数回答、上位１０項目）

- 生まれてくる子どもが健康か 50.2
- 妊娠しやすい身体か 41.0
- 出産時の痛み 33.5
- 高齢出産のリスク 32.1
- つわりの苦しさ 29.0
- 母体が健康な状態で産めるかどうか 26.6
- 流産すること 22.7
- 出産にかかる費用 22.3
- 仕事と両立できるか 20.1
- 出産に向けた体力 17.9

既婚・子どもなし（N=209）　既婚・子どもあり（N=324）
未婚（N=785）　全体（N=1318）

グラフ内の数字は「全体」の数字。「妊娠中の女性」を除く。
（資料）（株）ニッセイ基礎研究所「2015年生命保険会社に期待するサービスに関する調査」

　　妊孕力の検査を受ける夫婦もあります。「妊孕力」とは、子どもを産む能力のことで、妊孕力の検査では、女性は卵巣予備能（残っている卵

子の数の目安）、男性は精子の濃度や運動率について調べることができます。

図7は、今後、出産意向がある女性を対象に、これまでに妊孕力の検査を受けた経験があるか、また、今後受けたいと思っているかを尋ねた結果です。これによると全体の7.3％がこれまでに検査を受けた経験があり、配偶者がこれまでに検査を受けた経験があるとする割合は5.9％となっています。未既婚や子どもの有無別に見ると、妊孕力の検査を受けた経験は、子どもがいない既婚夫婦が一番高くなっています。

今後の検査意向については、現在、未婚の女性や子どもがいない既婚女性の2割以上が検査を受ける意向があると回答しています。また、夫についても、現在、未婚の女性や子どもがいない既婚女性の15％程度以上が受けてもらう意向があり、関心は高いようです。

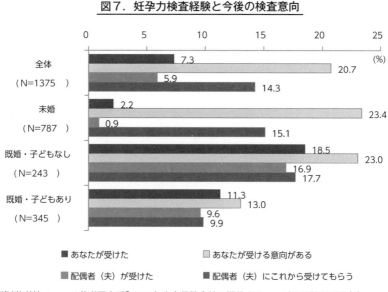

図7．妊孕力検査経験と今後の検査意向

（資料）（株）ニッセイ基礎研究所「2015年生命保険会社に期待するサービスに関する調査」

② 不妊治療に対する考え方
　a）不妊治療を検討するか。

　将来、出産の意向をもつ女性に、思うように子どもができなかった場合、不妊治療を検討するかどうかを尋ねると、「検討しない」と回答した人は15％程度にとどまり、残る85％は何らかの形で検討をすると回答しています（図8）。

　配偶者と相談した上で検討をする女性が多いようですが、「積極的に検討する」と回答した割合も2割弱となっています。不妊治療の検討は、今後出産を考えている女性にとって一般的になってきていると言えるでしょう。

　特に、子どもをもたない既婚女性の回答は「積極的に検討する」が27.2％と高く、不妊治療への関心の高さがうかがえます。子どもがいる既婚女性では、「検討しない」が25.2％と高くなっています。

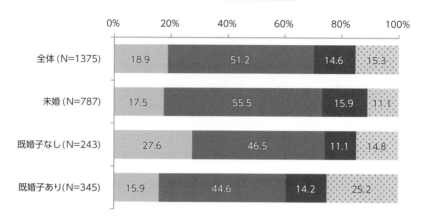

(資料)(株)ニッセイ基礎研究所「2015年生命保険会社に期待するサービスに関する調査」

b) 治療を受ける際の不安

　不妊治療を受けることになった場合の不安や不満を尋ねると、7割以上が「治療費が高いこと」と回答しており、他項目と比べて突出して高くなっています（図9）。次いで「精神的な疲労」「長期間にわたって通院すること」「肉体的な疲労」が4割を超えて続きます。

　最も不妊治療に関心をもっていた子どもがいない既婚女性でも、「治療費が高いこと」が最大の不安や不満となっていますが、未婚女性や、子どもがいる既婚女性と比べて「精神的な疲労」や「治療の成果がでないこと」が高くなっており、不妊治療が一般的になりつつあるとは言え、費用面や精神面での不安が大きい様子がうかがえます。

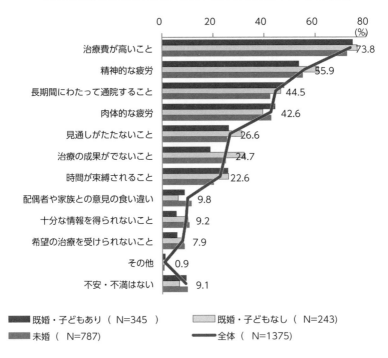

図9．不妊治療を受けるとした場合の不安や不満（複数回答）

項目	全体(%)
治療費が高いこと	73.8
精神的な疲労	55.9
長期間にわたって通院すること	44.5
肉体的な疲労	42.6
見通しがたたないこと	26.6
治療の成果がでないこと	24.7
時間が束縛されること	22.6
配偶者や家族との意見の食い違い	9.8
十分な情報を得られないこと	9.2
希望の治療を受けられないこと	7.9
その他	0.9
不安・不満はない	9.1

■既婚・子どもあり（N=345）　□既婚・子どもなし（N=243）
■未婚（N=787）　―全体（N=1375）

グラフ内の数字は「全体」の数字。「妊娠中の女性」を除く。

（資料）（株）ニッセイ基礎研究所「2015年生命保険会社に期待するサービスに関する調査」

c) 何があったら治療を受けるか

不妊治療を受けるにあたって何らかの不安や不満を感じている人に、どのようなサービスがあれば安心できるかを尋ねたところ、治療費の不安が高いことにともなって、安心できるためのサービスとして、「治療費の補助」「検診費の補助」が、上位2項目を占め、いずれも半数を超えて高くなっています（図10）。

図9で見たとおり、不妊治療を受けるとした場合の不安や不満におい

ては、精神面での不安も挙がっていましたが、安心して不妊治療を受けるためのサービスとしては、費用面での希望が高いようです。

図10．どのようなサービスがあれば安心できるか（2項目選択）

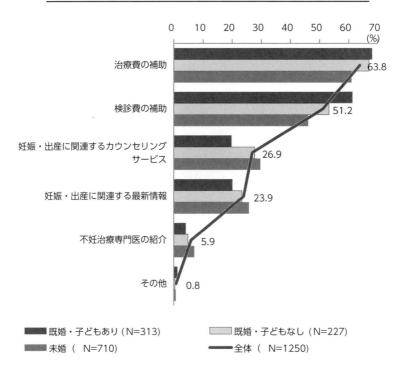

グラフ内の数字は「全体」の数字。「妊娠中の女性」を除く。

（資料）（株）ニッセイ基礎研究所「2015年生命保険会社に期待するサービスに関する調査」

第3章

「不妊治療」をめぐる
環境整備の状況と
消費者意識

(1) 国・自治体における公的助成

不妊治療には、公的な健康保険が適用されるものと、適用外のものがあります。第1章で詳細に解説した人工授精や体外受精、顕微授精には、健康保険が適用されず、全額自己負担となります。

ここでは、国や自治体における不妊治療に対する公的な助成制度について概要を示します。

① 不妊治療助成の概要
a）国における特定治療支援事業制度

国では、不妊治療の中でも健康保険が適用されず費用負担が高額になりがちな体外受精・顕微授精（特定不妊治療）を対象とし、自治体の指定した医療機関でこれらの治療を受けた場合に一定の条件のもと助成金を支払う「特定治療支援事業制度」を設けています。

対象とされる具体的な治療の内容は、次図に示すとおり体外受精や顕微授精にあたって行われる採卵や採精と受精、新鮮胚や凍結胚の移植（胚の凍結を含む）、妊娠の確認までの全てであり、受精に至らない場合や採卵の結果が芳しくなく中止せざるを得なかった場合でも助成を受けることができます。

また、特定不妊治療の一環として、男性側に不妊の原因があり、精巣内精子生検採取法（TESE）や精巣上体内精子吸引採取法（MESA）、または経皮的精巣上体内精子吸引採取法（PESA）を実施した場合（男性不妊治療）には、これらに係る医療費についても特定不妊治療とは別に助成を受けることができます。

図1. 不妊治療の助成対象範囲

	治療内容	平均所要日数	採卵まで（自然周期で行う場合[点鼻薬]） 14日	採卵まで（自然周期で行う場合[注射]） 10日	採卵 1日	採精（夫） 1日	受精 前培養・媒精 顕微授精 培養 2～5日	受精 1日	新鮮胚移植 胚移植 1日	新鮮胚移植 黄体期補充療法 10日	胚凍結	凍結胚移植 （自然周期で行う場合） 7～10日	凍結胚移植 胚移植 1日	凍結胚移植 黄体期補充療法 10日	妊娠の確認（胚移植おわった2週間後） 1日	助成対象範囲
A	新鮮胚移植を実施		■	■	■	■	■		■	■					■	助成対象
B	凍結胚移植を実施		■	■	■	■	■				■	■	■	■	■	助成対象
C	以前に凍結した胚を解凍して胚移植を実施											■	■	■	■	助成対象
D	体調不良等により移植のめどが立たず治療終了		■	■	■	■	■									助成対象
E	受精できずまたは胚の分割停止、変性、多精子授精等の異常受精等により中止		■	■	■	■	■									助成対象
F	採卵したが卵が得られない、または状態のよい卵が得られないための中止		■	■	■											助成対象
G	卵胞が発育しない、または排卵終了のための中止		■	■												対象外
H	採卵準備中、体調不良等により治療中止		■													対象外

＊B：採卵・受精後、1～3周期程度の間隔をあけて母体の状態を整えてから胚移植を行うとの当初からの治療方針に基づく治療を行った場合。
＊採卵準備前に男性不妊治療を行ったが、精子が得られない、または状態のよい精子が得られないための治療を中止した場合も助成の対象となります。

b）助成の対象

　助成の対象は、特定不妊治療以外の治療法によっては妊娠の見込みがないまたは極めて確率が低いと医師に診断された戸籍上の夫婦であることが条件であり、事実婚のカップルは助成の対象外となっています。また、夫婦で合算した所得（課税所得額であり、額面の所得とは異なります）が年収で730万円以上の場合にも、原則として助成を受けることはできません。

c）助成額と助成を受けられる回数

　具体的な助成額は、1回の治療につき採卵を伴わない凍結胚移植および採卵したが卵が得られない等のため中止した場合には7.5万円、その他の治療は15万円（初回のみ30万円）が上限となっています。また、男性不妊治療に係る医療費に対する助成についても上限は15万円となっています。

　なお、助成を受けられる回数は、治療を開始したときの妻の年齢が43歳未満であることが要件となるほか、初めて助成を受ける際の妻の年齢が39歳以下の場合は通算6回まで、40～43歳未満の場合は、通算3回までとなっています。

② 自治体の独自事業としての不妊治療助成

　「特定治療支援事業制度」による助成は、都道府県、政令市・中核市が窓口となって実施されるものですが、これらの自治体の中には、国が定めた制度に上乗せの給付を行ったり、国の制度では対象外となっている一般不妊治療に対する給付を行うなど、独自の取り組みを行っているところもあるようです。

例えば、北海道では「特定治療支援事業制度」による助成を受けて子どもをもうけた夫婦が第2子以降の特定不妊治療を行う場合の助成を拡充（上乗せ助成）しています。また、東京都では、2回目以降の凍結胚移植では25万円、新鮮胚移植では20万円と、それぞれ国が定めた制度の上限額を5〜10万円引き上げる形で助成事業を行っていますし、千代田区や文京区など、都内62市区町村のうち18自治体（平成28年度現在）では、都の助成額を差し引いた自己負担分を対象として独自の助成事業を行っています。一方、品川区では、国の助成制度の対象外となる不妊の検査、タイミング法・薬物療法・人工授精などの一般不妊治療について助成制度を設けており、区内在住の妻が43歳未満の夫婦を対象として自己負担分の半額（上限10万円／年度）を助成しています。

　国や都道府県が定めた助成に対して上乗せの給付を行ったり、独自の助成制度を設けたり、実際の助成制度は自治体により様々です。また、自治体が独自の助成制度を設けている場合には、助成額についても1年間の総額や1回の治療あたりの金額など、上限額の定め方や実際の上限額も自治体により異なっていますし、一般不妊治療に対する助成については事実婚の方も対象に含めるなど、助成対象者の範囲についても自治体により異なる場合も見受けられます。治療費の助成については、居住している自治体（都道府県および市区町村）においてどのような制度になっているか、事前に調べておく必要があるでしょう。

（2）　民間事業者における「不妊治療」への取り組み

　このように、国や自治体では、不妊治療の中でも、保険外診療のため高額な負担を要する「高度生殖医療」を中心に、治療を受ける夫婦を経済的な側面から支援を提供しています。

こうした流れに対して、医療機関や民間事業者側においても、「不妊治療」を含めて妊娠・出産を支援する取り組みが広がりつつあるようです。

① ブライダルチェック

　近年、レディースクリニックなどを中心に、将来、妊娠・出産を考えている女性を対象として、一般的な婦人科検診の内容に加え、性感染症などの検査を行う、「ブライダルチェック」を提供するところが増えています。ブライダルチェック自体は「不妊治療」とは異なるものですが、近い将来に妊娠・出産を希望している場合には、阻害要因となりうる疾患などがないか確認しておくことも重要ではないでしょうか。最近では、泌尿器科など男性側のブライダルチェックを提供する医療機関も珍しくなくなってきているようです。

② 「不妊治療」を対象とした資金需要への支援

　不妊治療の中でも「高度生殖医療」の場合には、保険外診療となるため1回あたりの医療費は数万～数十万円におよびます。また、多くの場合、すぐに成果が出るわけではなく、数年にわたる治療を余儀なくされる場合もあることから、不妊治療に取り組むにあたっては、治療費用をどのように調達するかが大きな問題となることも少なくありません。多くの家庭では、貯蓄の取り崩しや、ご両親の援助を頼るなどして治療を継続していますが、資金不足から治療の中断を余儀なくされることもあるようです。

　このような状況を鑑みて、一部の金融機関では、「妊活・育活応援ローン」や「不妊治療関連ローン」などの名称で、不妊治療や妊娠・出産にかかわる資金需要に応える金融商品を提供しています。多くの銀行で取り扱われているフリーローンやカードローンとは異なり、営業エリアや

利用限度額などの制約はあるものの、使途が限定されている分、貸出金利の設定も低くなっているようです。

③ 勤務先企業・健保組合等における「不妊治療」への支援

「妊活」や「不妊治療」が広がる中で、企業においても子どもを持ちたい従業員を支援する動きが見られるようになってきています。

パナソニックやキリンビール、トヨタ自動車、高島屋などでは不妊治療の検査や通院のための休暇や休職を可能にする制度を導入しているほか、NECや花王、オムロンでは社内共済会が、トヨタ自動車では健保組合が、それぞれ不妊治療費用の一部を補助する制度を運営しています。

このような休暇・休職制度や費用補助以外にも、妊活について専門家である保健師によるカウンセリングを提供するサイバーエージェント社など、従業員に対する福利厚生制度の一貫として家族形成に向けた支援を検討・導入する動きも少しずつ広がっていくものと思われます。

(3) 「不妊治療」をめぐる消費者意識
～「不妊治療」ブログから見る消費者意識

それでは、実際に不妊治療に取り組む方たちは、治療の過程で日々どのように治療を受け止めているのでしょうか。ここでは、「不妊治療」をテーマとした30～40代女性のブログ記事をもとに、彼女らの治療の内容や治療にまつわる意識について見ていくこととします。

① 分析に用いた「不妊治療」ブログ

不妊治療をテーマにしたブログは2016年7月現在で60万件以上[1]存在し

---
1 2016年7月1日現在（Googleによる「不妊治療＋ブログ」での検索件数）

ています。

ここでは、そのうち「妊活前の必読書。30代の不妊治療ブログ7選[2]」および「高齢不妊の治療をしている40代の妊活ブログ6選[3]」にて紹介されているブログから、テキストブログ各5件について、6月末までに投稿された妊活に関するテーマのブログ記事テキスト[4]を用いて分析しています。

② ブログ記事中で用いられている語句間の関連

初めに、30代、40代のそれぞれの方々が、記事中（ブログ内）で用いている語句のうち100件以上出現しているものを対象として、出現パターンの似通った語を線で結んだ共起ネットワークを描くと、それぞれ図2、図3に示すようになります。図中に示す円同士をつなぐ線は、「採卵」と「周期」、「予約」と「取る」のように、同時に用いられやすい語句同士ほど太い線で示しています。また、円の背景色自体には特段の意味はありませんが、同じ背景色の円は同じ段落内など、意味的な関連性が強い語句のまとまりを示すものとなっています。なお、背景色が異なる円同士、すなわち意味的な関連性が薄いものの、出現パターンが似通っている語句同士は薄い点線で結ばれています。

それぞれの共起ネットワークの図を見ると、30代、40代ともに、「夫」の出現数が多いことから最も大きな円で描かれていることや、「AIH（人工授精）」と「タイミング」との間に比較的強い共起関係があることなど、共通する点も多くなっています。一方で、30代では「AIH（人工授精）」や「タイミング」が「妊娠」や「検査」、「排卵」と同じくらい出現数が多く、大きめの円で描かれるのに対し、40代ではこれらの語句は「妊娠」や「移植」、

---

2 https://nicoly.jp/article/646
3 https://nicoly.jp/article/665
4 実際のブログでは、例えば男性パートナーについて夫や旦那、愛称など異なる語句で記述しているものや、治療の内容についても"人工受精"と"AIH"が混在していることから、分析にはこれらの語句について可能な範囲で統一をはかった上で用いています。

「採卵」に比べ円が小さくなっています。このことは、30代では一般不妊治療としてタイミング指導を続ける中で、妊娠につながらなかった人が、時間をかけて徐々にAIH（人工授精）や体外受精・顕微授精にシフトしていくのに対し、40代ではタイミング指導やAIH（人工授精）による受精・着床に期待するよりも、速やかに体外受精・顕微授精に移行していくケースが多くなっていることを表しているものと思われます（実際に30代では「体外受精」と「説明」がリンクしているのに対し、40代では「体外受精」と「始める」がリンクするようになっています）。

図２．30代不妊治療ブログの抽出語共起ネットワーク

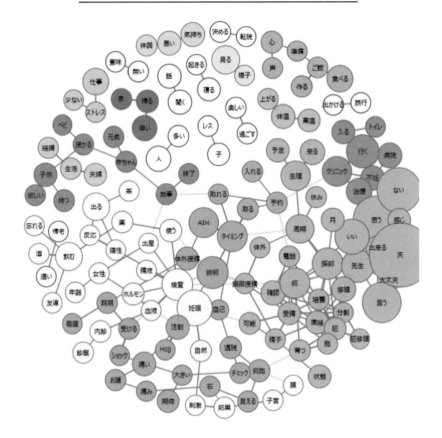

図3．40代不妊治療ブログの抽出語共起ネットワーク

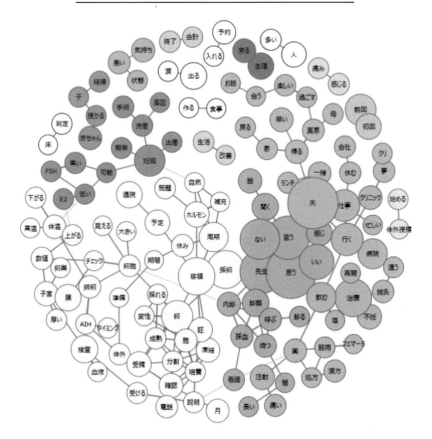

③ 30代、40代の「不妊治療」における意識・感情

　感情的な側面を確認するため、30代のブログ記事テキスト中の語句のうち形容詞、形容動詞に着目して出現数が多い順に見ると、「早い」が364回で最も多く、「悪い」（303回）、「痛い」（290回）、「大丈夫」（267回）の順で続いています。

　それぞれの語句の具体的な記述内容についてみると、最も多い「早い」では、"どうすれば早く授かれるのか"といった問題以外にも、日々の

暮らしはあるのに、妊活で頭がいっぱい"〔30代A〕、"早くこんな妊活で脳内いっぱいの日々から脱出したい"〔30代C〕のように、治療の成果を待ちわびる表現が多く見受けられます。また、「悪い」では、"精液所見が悪かったので受精は厳しいかもなぁと思っていたので……"〔30代A〕、"もし卵巣の位置が悪くて採卵不可になった場合は……"〔30代C〕など男女それぞれの検査結果の良し悪しに関する表現が、「痛い」では"なんで、痛い注射も検査もなく妊娠できる人はできるのに…"〔30代B〕、"中に入っている器具が動くたびに痛い！でも努力して力を抜く！でも…"〔30代C〕のように、治療や検査に伴う痛みが記されています。一方、「大丈夫」では"愛情の高まりがあって、その延長で授からなくて大丈夫？私たち……"〔30代A〕、"風呂だって「低温期だからゆっくり入って大丈夫かな？」なんて意識しながら入る"〔30代C〕のように、不妊治療に踏み切るにあたっての躊躇や、日常生活の中で身体の状態に気を遣う様が記されています。

　同様に、40代のブログ記事テキスト中の形容詞、形容動詞について見ると、30代と同様「早い」が299回で最も多く、「良い」(273回)、「大丈夫」(254回)、「悪い」(242回)の順で続いています。

　具体的な記述内容について見ると、30代とは異なり、最も多い「早い」での"体外受精をして妊娠したら後付けで原因がわかる。同じ頃に通いはじめた人は早くもステップアップして妊娠した"〔40代D〕や、「良い」での"元々精子状況も良くないので3回位AIHしたら体外受精にと言われていました"〔40代E〕のように、年齢的な制約や、検査手法上の制約から治療の段階を先に進めることを勧められる記述も見られるようになっています。また、"転院した病院に行ってそう思えた。…治療への考え方、協力の仕方が変わったそうです。私、すごく嬉しかった！"〔40代D〕、"転院してから通院してなくてもわかりあえるお友達がいること、

とても嬉しいし心強いです。お互いにママになれますように♪"〔40代E〕のように、治療が長期にわたり、様々な理由から病院や専門のクリニックをいくつも転院する方も少なくなく、その中で、男性パートナーや同様に不妊治療に取り組む友人と悩みや不安を分かち合いながら過ごしていることがわかります。

　これら一連の記述からは、実際に治療に取り組む女性が治療の過程の中はもちろん、治療前においても様々なストレスに直面していることがわかります。まず、治療の開始前には自然妊娠に至らない状況そのものが、何らか女性としての機能に劣るところがあるのではないか、仮にそういった事実が判明した場合にはどのように受け止めればよいのか、といった、漠とした不安を抱えた状態で逡巡することになるようです。また、まずは検査してみようと病院の門をたたくにあたっても、仕事の調整に気を遣い、混雑や待ち時間の長さに耐えることを求められます。当然ながら、評判のよい病院ほど、患者が集中するため、より混雑しますし、医師との相性の問題もあるでしょう。定期・不定期の検査結果の数値の変動に感情を揺さぶられるだけでなく、一般不妊治療の中でもタイミング指導の段階では月経周期に合わせてタイミングよく性交渉の機会を持てるかが、人工授精や、高度生殖医療（体外受精・顕微授精）に移行した場合には、医師から指示された日程に合わせて（仕事等を調整して）受診できるかが、それぞれ仕事に追われる男性パートナーへの気遣いも含めて心理的な負担になりますし、内診の恥ずかしさを乗り越えることも求められます。採卵・採精を伴う場合には、卵子・精子の状態の良し悪しや、受精・着床してくれるかどうか、また、結果的に妊娠につながるか、不調に終わるか、といったことも、日々の生活の中で大きな関心事であり続けることになるでしょう。

　そもそも「不妊治療」には妊娠・出産以外には明確な出口が存在しな

い上、治療しないからと言って、日常生活に支障を来すものではないことから、治療を継続するかどうかは、ひとえにどの程度、妊娠・出産を希望するか、いつまで希望し続けるか、といったカップルの考え方にかかっています。また、第1章において詳述しているとおり、不妊の原因には様々なものが考えられる上、原因不明のものも数多くあることから、治療の成果が思わしくない場合には、一般不妊治療の段階では月経周期に応じて、高度生殖医療の段階では、受精や着床の成否が判明するまで、それぞれ期待の高まりと落胆を延々と繰り返す可能性もあります。不妊治療が奏功せず妊娠・出産に至らないカップルは、このように出口が見えない中で、期待と落胆を繰り返す苦しい日々を送ることを強いられていると言えるでしょう。

第4章

金融審議会ワーキング・グループの報告書と留意点

（１）不妊治療を保障する保険の取扱いを保険会社に認めた金融審議会ワーキング・グループの報告書

　不妊治療に対する関心が高まるとともに、この程、民間保険会社に取り扱いが認められるようになった不妊治療の費用を保障する保険商品にも注目が集まり始めています。不妊治療を保障する保険の引受、販売を保険会社に認めることが妥当かどうかについての検討が行われたのは、2012年の６月からおよそ１年にわたって開催された金融審議会の「保険商品・サービスの提供等の在り方に関するワーキング・グループ」においてでした。

① 　なぜ、ワーキング・グループ？　保険会社に対する監督とワーキング・グループ

　a）保険会社に対する監督

　　特定の保険商品を保険会社が扱うことを認めるかどうかという検討が行われた背景には、保険会社が国の保険監督に服しているということがあります。

　　保険商品は、将来の支払いの約束が保険証券や約款に記載されるのみで、電化製品や食品のように、直ちに触ったり食べたりして、そのよさを実感できる商品ではありません。万が一のことが起こったときに保険金がちゃんと支払われるはずと保険会社を信用するしかない商品です。口約束だけの保険会社が現れても、その会社が信頼に足るのかどうかは、実際に保険によるサービスを必要とする場面にならないとわかりません。

　　また、複雑かつ専門的な数理計算に基づいて設計された商品であるため、その適切さを消費者が正しく判断することが難しいという商品でもあります。

このような特性のある商品を扱う保険事業に対しては、消費者が安心して保険会社と取引できるよう、公的な保護の仕組みを備えることが現実的であり、保険事業に対しては公的な監督が行われています。具体的には、内閣総理大臣（実際には金融庁）が、保険会社に対して免許、認可、検査、命令等の権限を有し、事業の開始から終了まで継続的に監督をおこないます。

b）保険監督におけるワーキング・グループの位置付け　金融審議会とは
　政府主催の審議会は、行政機関の意思決定に際し、専門的な立場から調査・審議する合議制の機関です。このうち金融審議会は、保険を含む「金融」に関する重要事項についての調査・審議を行うため、内閣総理大臣、金融庁長官、財務大臣の諮問機関として設置された審議会です。金融審議会が提出した報告や答申をもとに法案や政策が作られることが多いため、注目を集める存在となっています。「保険商品・サービスの提供等の在り方に関するワーキング・グループ」は、2012年4月に、金融庁長官から「保険商品・サービスのあり方および保険募集・販売ルールのあり方」についての諮問を受けた金融審議会が、当問題を検討するために設けたワーキング・グループです。

② 　ワーキング・グループの検討内容
「保険商品・サービスのあり方」の検討とは、少子高齢化など、社会情勢の変化に伴い変化してきた人々の保険商品や保険サービスに対するニーズ・期待に対応するにはどうすべきかを検討することです。また、「保険募集・販売ルールのあり方」の検討とは、来店型保険ショップやインターネットといった新しい保険販売チャネルが登場し、販売のあり方が変化していく中、保険商品の販売ルールをどう見直すべきかを検討することです。

不妊治療を保障する保険についての議論も「保険商品・サービスのあり方」の検討の一環として行われました。

③　不妊治療を保障する保険に関するワーキング・グループの報告内容

まず、以下に、2013年6月に発表された、ワーキング・グループの報告書「新しい保険商品・サービス及び募集ルールのあり方について」の中から、不妊治療を保障する保険について書いてある部分を抜粋しておきます。

【ワーキング報告書中の不妊治療を保障する保険に関する記述抜粋】
1－1－1　不妊治療に係る保険について
　不妊治療への社会的関心は高まっているが、その治療内容によっては多額の費用を要することから、当該費用をてん補するための保険に対する需要が高まりつつある。しかし、原因が特定できない不妊については、その治療費に係る保険が引き受けられるかどうかが不明確な状態となっている。
　不妊治療に係る保険については、不妊という事由の発生には偶然性が認められ、不妊治療に要する高額な費用を経済的にてん補するニーズもあることから、保険の対象となりうる要素を備えており、また、社会的意義も十分認められると考えられる。一方、合理的な保険料を算出するための保険数理上の検討が不可欠であることに加えて、不妊治療を受けるかどうかについて専ら被保険者の意思に委ねられていることなどによるモラルリスクや逆選択の問題に対処する必要もあり、具体的な商品開発に当たっては、こうした課題に対応できるものとする必要がある。また、その際、保険商品が複雑になり、利用者に分かりにくくならないように留意する必要もある。
　以上のような点を踏まえ、今後、当該保険の特性を踏まえた適切な商品設計・リスク管理が行えるよう、実務的に更なる検討を行い諸課題を解決し得る商品設計とした上で、実際の保険引受けが行われることが適当である。

（2）不妊治療を保障する保険を保険会社に認めるための保険業法等の整備

ワーキング・グループ報告書は、不妊治療を保障する保険のような、新しい保障を提供する保険商品を保険会社が取り扱うことを認める上での保険業法上の課題について、以下のように記述しています。
「保険会社が引受可能な保険商品の範囲については、法令において限定列挙されているため、新たな保険ニーズが発生した場合には、適切なタイミングでこれに対応することが可能となるよう規定を追加する必要がある。」
「保険商品の内容や保険会社・グループの業務範囲は保険業法及びその関係法令によって制限されており、こうしたニーズの変化等に対して、必ずしも十分に対応しきれないのではないかとの指摘がある。」
「原因が特定できない不妊については、その治療費に係る保険が引き受けられるかどうかが不明確な状態となっている。」
　これを解説しますと、保険会社が認可を得て、引受、販売できる保険商品は、保険業法第3条に規定されている商品でなければなりません。同条は、人の生死に関して定額の保険金の支払いを約束する契約である生命保険、所定の損害が発生した場合に生じた損害額をてん補することを約束する契約である損害保険についての規定を定めた後、厳密にはそのどちらにも当てはまらない商品分野である第三分野の保険を、第3条第4項第2号として、概ね以下のように定義しています。

保険業法第3条第4項第2号の概要
次に掲げる事由に関して、一定額の保険金を支払うこと、または、次に掲げる事由によって生じた損害をてん補することを約束し、保険料を収受する保険
イ　人が疾病にかかったこと。
ロ　傷害を受けたことまたは疾病にかかったことを原因とする人の状態
ハ　傷害を受けたことを直接の原因とする人の死亡
ニ　イ、またはロに掲げるものに類するものとして内閣府令（保険業法施行規則）で定めるもの（人の死亡を除く。）
ホ　イ、ロ、ニに掲げるものに関し、治療を受けたこと。

そして、ニの条項に基づき、ワーキング・グループ報告書作成当時の内閣府令（保険業法施行規則）は「イ、またはロに掲げるものに類するもの」として、以下を定めていました。

・出産、および出産を原因とする人の状態
・老衰を直接の原因とする常時の介護を要する身体の状態
・骨髄の提供、および、骨髄の提供を原因とする人の状態

何らかの疾患による不妊状態は疾病と解せますが、「原因が特定できない不妊」については、それが疾病であるのかどうかがはっきりしません。そのため「原因が特定できない不妊」が、上記条項のイ、ロ、ニのいずれかに当てはまると解釈でき、したがって不妊治療を保障する保険の引受を行うことは保険業法に反することではないと言いきれるかは不明確でした。

ワーキング・グループの検討においては、事務局から、「不妊の原因が特定できないもの」についても、『不妊という事由の発生の有無については偶然性が認められる、治療によっては高額な費用が発生するため経済的な負担をてん補する必要性が認められる』という点で、保険の成立の前提となる条件を満たしていると考えられる」、さらに「疾病を原因としない『骨髄の提供』については『疾病や傷害に類するもの』として内閣府令で定められ、既に保険会社による保険の引受が可能とされている」前例がある、といった点を踏まえ、「原因が特定できない不妊の治療費を保障する保険についても、保険会社による引受が可能であることを明確化する」措置を取ってはどうかという提案が行われました。

このようにして出されたワーキング・グループの不妊治療を保障する保

険の解禁方向を示す結論は、金融審議会に報告され、金融庁の保険監督の方針となりました。

そして方針決定の2年後の2016年4月1日、金融庁は先に挙げた内閣府令(保険業法施行規則)の「イ、またはロに掲げるものに類するもの」の一つとして、「不妊治療を要する身体の状態」を追加し、保険会社が不妊治療を保障する保険を設計、販売し、引き受けることができるように道を整えました。

保険会社は、このようにして形成された制度の枠組みの中で、不妊治療を保障する保険に取り組むかどうかを含めた検討に入り、取り組むことを決めた会社は商品設計に入ることが可能となったわけです。

(3) ワーキング・グループ報告書で示されたもの

もう少し、ワーキング・グループの報告書を見ていきましょう。

① ワーキング・グループの議論で、たたき台とされた商品イメージ

まず、ワーキング・グループにおける検討の途上、生命保険協会のオブザーバーから議論を具体化するために提示された不妊治療を保障する保険の商品イメージを見ておきましょう。粗いアウトラインですが、こうしたイメージをもっていただく方が、本節をわかりやすく読んでいただけると思います。

なおワーキング・グループにおいて、生命保険協会オブザーバーが提示したイメージは、議論の方向を片寄らせてしまわないように、こうした形にすることも考えられるというような書き方でした。本節では、筆者の独断で、一つのイメージとしています。

> 《不妊治療を保障する保険の商品イメージ》
> ✓ 医療保険等の特約として、特定不妊治療給付金特約を新設する。
> ✓ この特約により、被保険者が疾病を直接の原因としない所定の不妊治療を医師から受けた場合に給付金を支払う。
> ✓ 所定の不妊治療とは、高度生殖医療（生殖補助医療）として保険適用外となっている「人工授精」、「体外受精」、「顕微授精」。ほかに治療法がないことが条件。
> ✓ 給付回数に一定の上限を設ける。
> ✓ 契約締結後（特約付加後）、一定の期間は保障の対象外とする。
> ✓ 加入時に、「今までに不妊治療を受けたことがありますか」、「現在不妊治療中ですか」、「医師から不妊治療を勧められたことがありますか」等の質問を行う。不妊治療中の方や過去に不妊治療を受けた方は、契約を引き受けることはできない。
> 給付金の支払対象となる被保険者の年齢に一定の制限を行うこともありえる。

（資料）ワーキング・グループの検討において、生命保険協会オブザーバーから提示された商品イメージを筆者が修正して作成。

② 不妊治療を保障する保険の意義と保険会社が当該商品を取り扱うことの是認

　次に、不妊治療を保障する保険に対するニーズや社会的要請といったものはあるのか、不妊治療を保障する保険の取り扱いを保険会社に認めてもいいのか、といった根本的な問題について、ワーキング・グループ報告書はどう述べているのでしょうか。まずは、そのあたりから見てみましょう。

a) 不妊治療を保障する保険へのニーズ

　ワーキング報告書は、まず、「保険商品・サービスのあり方」の検討全般に通じる考え方として、「少子高齢化をはじめとする社会情勢の変化に伴い、国民が保険に対して求めるものが多様化し、新しいニーズも出現している」とし、「新しい顧客ニーズに対応して、保険会社がより

幅広い保険商品やサービスを提供する必要性がこれまで以上に高まっている」と、不妊治療を保障する保険を含む新しい保険商品への期待を表明しています。

そして不妊治療を保障する保険についても、「不妊治療への社会的関心は高まっているが、その治療内容によっては多額の費用を要することから、当該費用をてん補するための保険に対する需要が高まりつつある」と人々からの期待、ニーズがあることを肯定しています。

晩婚化や出産年齢の上昇傾向が進む中、不妊に悩む人々が増えています。それに伴い不妊治療に取り組む人々も増えています。

しかし、体外受精などの不妊治療には高額な治療費がかかります。公的医療保険制度が適用されませんから、不妊治療に取り組む人々は不妊治療の治療費を全額自費で工面しなければなりません。

一定回数の体外受精と顕微授精に対して、助成金を支給する支援制度はありますが、助成金は必要額の一定割合にすぎません。経済的な負担の重さを理由に治療の継続を諦めた人々は少なくないと思われます。

民間保険会社が提供する不妊治療を保障する保険が、公的な助成額と実際の治療費のギャップを埋め、子どもを望む人々が安心して不妊治療に専念できる環境を提供できるのならば、社会的問題である少子化問題の解決策の一助として社会貢献することもできます。

ワーキング・グループ報告書は不妊治療を保障する保険への需要や社会的意義が十分認められると結論づけています。

b) 不妊治療を保障する保険を保険会社に認めることは妥当か

それでは、現在、保険会社が扱っていない不妊治療を保障する保険は、はたして民間の保険会社が取り扱うべきサービスなのでしょうか。この点について、ワーキング・グループの報告書は、「不妊治療に係る保険

については、不妊という事由の発生には偶然性が認められ、不妊治療に要する高額な費用を経済的にてん補するニーズもあることから 保険の対象となりうる要素を備えており、また、社会的意義も十分認められる」と、保険会社が取り扱いうる商品であるとの積極的な評価を行っています。

　なお、ワーキング・グループの検討過程においては、こうした社会性の強い保険については、まずは公的な健康保険が対応すべきで、民間の保険会社に提供を委ねることはどうかという議論もありましたが、最終的には、民間でできることがあり、保険会社がやりたいのであれば民間で扱ってみてもいいのではないかとの結論に落ち着きました。

③　**不妊治療を保障する保険を実際に商品設計する場合に留意すべき事項**

　生保協会のオブザーバーは、「生保業界としては、少子高齢化社会におけるニーズの多様化を踏まえて、不妊治療を保障する保険を提供できることが望ましいと考えているが、なかなか実現が簡単でないということも十分承知している」との趣旨の発言も行っています。

　これらを踏まえて、最終的にワーキング・グループ報告書には、「一方、合理的な保険料を算出するための保険数理上の検討が不可欠であることに加えて、不妊治療を受けるかどうかについて専ら被保険者の意思に委ねられていることなどによるモラルリスクや逆選択の問題に対処する必要もあり、具体的な商品開発に当たっては、こうした課題に対応できるものとする必要がある。また、その際、保険商品が複雑になり、利用者に分かりにくくならないように留意する必要もある。」と、不妊治療を保障する保険を保険会社が扱う場合に留意すべき事項が指摘されました。報告書を作成する過程におけるワーキング・グループの議論においては、そうした、不妊治療を保障する保険を民間保険会社が引き受け

る場合に検討しておくべきいくつかの技術的な課題が指摘されました。

以下、その課題を見ていきましょう。

a) 合理的な保険料を算出するための保険数理上のデータが不足している

保険会社は私企業ですから、みすみす損をする商品を販売することはできません。保険商品の設計にあたっては、蓋然性の高い統計データに基づいて、保険契約の期間中に、顧客である保険契約者全員から受け取る保険料の総額が、期間中に保障の対象になる特定の事態に陥った被保険者（保険契約者）に対して支払われることとなる保険金の総額を超えていられるように、安全を見込んで、保険料が設定されます。

そのような考え方で不妊治療に関する保険を考えてみますと、不妊治療を必要とする事態がどれぐらいの確率で発生するのかということを統計的に正確に見通すことがたいへん難しいものであることがわかります。

まず現時点では、保険料の計算に使用できるだけのデータの蓄積がありません。

また、なかなか妊娠しなくても、それが当たり前のことと思って不妊治療を受けないまま過ごしている人もいるでしょうし、もしかしたら自分は不妊治療が必要なのではないかと早くから意識していて、善は急げと早めに不妊治療を受ける決断をする人もいるでしょう。治療費が高いことを理由に治療を断念していた人が不妊治療を保障する保険に加入したことをきっかけとして治療を開始するかもしれません。いつから治療を受けるか、どの医療機関を受診するか、提示された様々な治療方法からどの治療を選択するか、思うように治療の成果が出ない場合何回までチャレンジするか、個人の意思というものが強く介在します。不妊に悩

む夫婦は、医療機関と相談しながら、自らの意思で、こうした事項を決断していきますが、そういった人の動きを予測することは困難です。

不妊治療を保障する保険の商品化においては、正確なデータの把握が大きな課題となります。正確なデータがない中、保険会社が損をしたくないと、安全を意識した価格設定をしたなら、保険料が高くなりすぎて商品としての魅力がなくなってしまうかもしれません。

顧客の期待を裏切らないように配慮しつつも、リスクに見合った適切な保険料設定をいかに行うかが、保険会社にとっての課題です。

b）逆選択、モラルハザードを回避する直接的な手段を見つけることは容易ではない

公的な健康保険とは異なり、民間保険会社の保険商品においては、加入者のリスク度合いに応じた保険料設定（リスクの高い人ほど保険料が高くなる）が行われます。あまりにリスクが高すぎると、保障を引き受けることができないということにもなります。

一方で、保険商品については、その保険金支払いに該当するリスクの高い人ほど、保険加入を望むという傾向があります。これを逆選択と言いますが、不妊治療を保障する保険では、逆選択を防止することが非常に難しいと見られています。

生命保険協会代表のオブザーバーが提示した商品イメージにもありましたが、保険会社は、不妊治療を保障する保険の販売時に、被保険者について、過去に不妊治療を受けたことはあるか、現在不妊治療を受けているか等の質問をし、該当する場合には、不妊治療を保障する保険の引受をしないという扱いをすることになると思われます。しかし不妊治療は公的な健康保険の対象ではないので、不妊治療を受けた経験があるのにないと告知されたような場合、それが虚偽であると証明することはか

なり難しいと思われます。

　将来、自分が不妊で悩むことになるかもしれないと真剣に心配して保険料を支払う人と、不妊治療を受けることを決意しているのに、それを隠して保険に入る人の間で不公平が生じるかもしれません。また不妊治療の場合には、その治療が本当に必要な治療なのかどうか、客観的に判断しづらいことも問題です。治療を受ける立場からは、どのような手段を使っても妊娠という目的を達成したいという気持ちは強いでしょうが、医療機関と患者の意向しだいでは、ものすごく高額の治療費がかかってしまう場合があるかもしれません。それに対して、保険会社はどこまで保険金を支払えばいいのか、判断が難しそうです。

　こうした虚偽の申告（告知義務違反）、逆選択といった問題への対応策として、ワーキング・グループ報告書は、以下のような商品設計上の工夫例を挙げています。

- ●契約締結から一定年数内の不妊治療は保障しないとすることにより、加入後すぐに不妊治療を受けるつもりで加入するという逆選択を防ぐ。
- ●保険金支払いの回数に上限を設けることや支払い総額に上限を設けることにより、保険会社の支払い負担を一定額内に抑制する。

c）**消費者にとってわかりやすい商品とすることが求められる**

　不妊治療を保障する保険は、以上のような問題に配慮した商品設計をする必要があるため、商品構成が複雑になりがちです。しかし複雑で難しい保険商品は、保険金を支払ってもらえると思っていたのに保険金が支払われない、そのような説明を受けていないといった、トラブルが発生しやすいものでもあります。保険金が支払われるのか支払われないの

か、顧客から見て判断がつかないような商品になっては元も子もありません。

　顧客にとってわかりやすい商品設計やわかりやすい説明が必要です。ワーキング・グループ報告書は、「保険商品が複雑になり、利用者に分かりにくくならないように留意する必要もある。」としています。

④　**不妊治療を保障する保険に関するワーキング・グループ報告書の結論**

　ワーキング・グループ報告書は、不妊治療を保障する保険に関する記載の結論として、

「以上のような点を踏まえ、今後、当該保険の特性を踏まえた適切な商品設計・リスク管理が行えるよう、実務的に更なる検討を行い諸課題を解決し得る商品設計とした上で、実際の保険引受けが行われることが適当である。」とし、「諸課題を解決し得る商品設計」を求めています。保険会社の創意工夫が求められています。

第5章

日本での民間保険会社の
取り組み

前章までに、不妊治療の現状やそれをめぐる環境整備、消費者意識の変化などについて見てきました。また、金融審議会における不妊治療に係る保険についての商品開発や募集に関する検討・議論の様子についても概観してきました。

　本章と次章では、民間保険会社の取り組み等について見ていくことにします。まず、本章でこれから日本で広がっていくと考えられる、不妊治療保障のあり方について展望することにします。その上で、次章では参考として、海外の状況を俯瞰(ふかん)していきます。

　2016年の保険業法施行規則の一部改正を受けて、「不妊治療を要する身体の状態」が保険の保障対象として加えられました[1]。これを受けて保険会社は、不妊治療を保障する保険商品の開発、販売に取り組むものと考えられます。本章では、保険会社が不妊治療を保障する保険を取り扱う場合の留意点について見ていくことにします。

(1) 不妊治療保障の3つの特徴

　まず、不妊治療保障の特徴について考えてみましょう。そもそも不妊治療保障と他の保障とは何が違うのでしょうか。不妊治療保障は医療機関での医師による治療を対象としているため、医療保障と類似している点が多くあります。ただし、①給付事由の設定、②逆選択・モラルリスクへの対応、③発生率の設定の3点については、不妊治療保障に独特の検討が求められるものと思われます。まず、それらの特徴を順番に見ていきましょう。

---

1 「『保険業法施行規則の一部を改正する内閣府令(案)』に対するパブリックコメントの結果等について」(金融庁ホームページ、平成28年3月25日)

①給付事由の設定
　a）給付はどのようなときに行うのか（給付事由は、どう設定するのか）
　　不妊治療保障を行う場合、給付事由の設定には十分な検討が必要となります。主な検討項目として、対象を状態給付とするか、治療給付とするかがあります。そして、治療給付とする場合には、給付は各施術単位とするか、一連の施術プロセスに対して行うか、また、どのような施術を給付対象とするか、といったことを検討する必要があります。

ア．対象を状態給付とするか、治療給付とするか
　2016年に改正された保険業法施行規則では、「不妊治療を要する身体の状態」が対象となる保険事由に加えられました。しかし、不妊状態を定義して、それを診断・判定することは難しいのが実態です。不妊状態について、例えばアメリカの生殖医学会（ASRM[2]）では、「12ヵ月以上の適切かつ定期的な避妊なしの性交渉、もしくは健康なドナー授精[3]を経ても妊娠に至らないこと（35歳以上の女性については6ヵ月間の妊娠不成立）」という定義が掲げられています。世界保健機関（WHO[4]）や、日本産科婦人科学会も、「避妊をしていないのに、1年以上に渡って妊娠に至れない状態」と定義していますが、これらの定義を保険の給付事由として用いることは、客観性や証明可能性の点から困難でしょう。
　そこで、この保険の給付は治療給付として、実際に不妊治療を行った場合にその治療に対して給付を行うことが考えられます。

イ．給付は施術単位で行うか、一連の治療プロセスに対して行うか

---

2 ASRM（American Society for Reproductive Medicine）
3 無精子症など絶対的男性不妊の場合に適用される方法です。夫以外の男性ドナーの精液を使用して、人工授精にて妊娠を試みるものです。
4 WHOは、World Health Organizationの略です。

治療給付として給付事由を設定するものとしましょう。その際、給付は施術ごとに行うか、それとも一連の治療プロセスに対して行うかが問題となります。施術ごとに行うとすれば、給付事由は明快となるでしょう。一方、公的助成では治療のプロセスに対して、助成金が支払われています。それとの整合性を踏まえれば、一連のプロセスに対して、給付を行うことも考えられます。

ウ．どのような施術を給付対象とするか

具体的にどの施術に対して給付を行うべきでしょうか。不妊治療には、一般不妊治療として、タイミング指導、ホルモン療法、人工授精等があります。このうち、タイミング指導やホルモン療法は、公的医療保険の適用対象となっています。一方、一般不妊治療とは別に高度生殖医療として、体外受精、顕微授精、凍結胚移植等が行われます。高度生殖医療は、いずれも公的医療保険の適用対象外となっています。このうち国が行う公的助成の対象は、これらの高度生殖医療とされています。不妊治療を保障する保険を考える上で、これらの施術のうち、どれを給付対象とするか、検討が必要となります。

ⅰ．一般不妊治療

タイミング指導、ホルモン療法は、公的医療保険の対象であり、通常、費用負担は少額となります。人工授精も1回数万円程度であり、次項の高度生殖医療に比べれば受療者の費用負担は限定的と言えます。

ⅱ．高度生殖医療

体外受精や顕微授精は、生殖医療の専門医や専門技師が行うもので、施術には多くの専門知識や経験が必要となります。また、受精卵等を長

期間凍結保存するための装置や設備も必要となります。加えて、公的医療保険の対象外です。このため、体外受精や顕微授精の費用負担は通常、1回あたり数十万円にもなります。凍結胚移植にも通常、10万円以上の費用が発生します。体外受精や顕微授精は、公的助成の対象でもあり、不妊治療保障でも給付対象としてほしい、とする加入者のニーズも高いものと考えられます。

そこで、「採卵・採精」「体外受精・顕微授精」「胚盤胞の形成・凍結」「胚移植、着床」等の各段階で給付を設定することが考えられます。なお、実際の不妊治療では、各種の薬剤が用いられることがあります。例えば、採卵の前には排卵誘発剤が投与されることがあります。このような薬剤の使用も、給付対象の施術に含めるべきかどうかなど、給付設定に際しては詳細な検討が必要となるでしょう。

b） 施術給付を設定する際に、細部でどのような検討が必要となるか

施術給付を行う場合、細かな取り扱いルールの設定が必要となります。

例えば、採卵に対して給付を行うケースでは複数の卵子を同時に採卵したり、卵子が1つも採卵できなかったりした場合の給付額はどう設定すべきでしょうか。不妊治療の受療者の費用負担については、治療を行うクリニックによります。例えば、採卵できた卵子の個数に応じて治療費が異なる場合があります。これを不妊治療を保障する保険の給付にも適用すべきかどうかの検討が必要となるでしょう。採卵時には、超音波画像をもとに採卵専用の針で卵胞を刺し、排卵前の卵胞から卵細胞と卵胞液を吸引します。この処置は、激しい痛みが伴うことが多く、女性の肉体への負担が大きいとされています。この治療プロセスと実態から、採卵できた卵子の個数によらず採卵の処置を1回実施したことに対して給付を設定することも考えられます。

また、凍結胚移植にも、同様のことが言えます。生殖医療を行うクリニックによっては、胚移植に際して、1つの胚のみを移植するケースや、複数の胚を同時に移植するケースがあります。この場合、移植した胚の個数に応じて給付を設定するか、それとも、凍結胚移植の処置1回に対して給付を設定するか、といった細かな検討が必要となるでしょう。

②逆選択・モラルリスクへの対応
a）不妊治療保障に予想される逆選択やモラルリスクとは？
　一般に、医療保険には、逆選択やモラルリスクが発生しやすいとされています。これは、病気になったときに、医療機関で診療を受けるかどうか、診察の結果、治療を受けることになった場合、どのような治療を受けるか、といったことを、患者が自由に選択できることが主な要因です。

　不妊治療保障も、逆選択やモラルリスクが働きやすいとされています[5]。と言うのも、不妊状態は病気ではなく、必ず治療が必要というものではありません。また、不妊状態は明確なものではなく、身体面に特段の苦痛はありません。このため、不妊治療を受けるかどうか、受けるとしたらどのような治療を、どのくらいの頻度で受けるかの取捨選択はもっぱら受療者の意思に委ねられています。このことが逆選択やモラルリスクが生じやすいことの背景にあります。

　ここで、よく保険で問題となる「逆選択」「モラルリスク」という用

---

5 金融審議会の報告書では、「不妊治療に係る保険については、（中略）、不妊治療を受けるかどうかについて専ら被保険者の意思に委ねられていることなどによるモラルリスクや逆選択の問題に対処する必要」があるとされています。（「新しい保険商品・サービス及び募集ルールのあり方について」(金融審議会　保険商品・サービスの提供等の在り方に関するワーキング・グループ，平成25年6月7日)より。）

語について不妊治療の場合を例にとって簡単に説明しておくことにしましょう。

　逆選択とは、これから不妊治療を受けようとする人が、この保険に加入しがちなことを指します。また、モラルリスクとは、この保険に加入している人が、給付金の請求を目的に、妊娠・出産の意志がないのにもかかわらず、不妊治療を受けることを言います。このような逆選択やモラルリスクが生じると、将来に備えて保険に加入している人の保険料が、不適切な給付支払に用いられ、契約者間の公平性が損なわれてしまいます。その結果は、保険制度の存続そのものが問われる事態にもつながりかねません。

図表1. 逆選択とモラルリスク

逆選択	給付対象に該当しやすい人ほど、保険に加入しがちなこと
モラルリスク	保険を悪用した、不当な給付金請求が行われやすいこと

※ 筆者作成

b) 逆選択やモラルリスクへの対応

　逆選択やモラルリスクに対応するために医療保険では通常、保障や給付支払を制限する方策がとられます。代表的な方策として、複数の保障を束ねて一つの保険として提供する方法、給付金額を制限する方法、給付期間を制限する方法があります。

ア. 複数の保障を束ねて一つの保険として提供する方法

　不妊治療保障を、他の医療保障とセットで提供することで、ある程度、逆選択やモラルリスクへの対応をすることができます。不妊治療保障だけを求めて保険に加入しようとする動きを、牽制（けんせい）する効果が期待できるためです。他の医療保障とのセットの仕方には、不妊治療保障を、医療

保険の中の1つの保障として組み込む「医療単品方式」と、医療保険に特約として付加する「特約方式」の二つがあります。

ⅰ.医療単品方式

　不妊治療保障を医療保障の中に埋め込む方式です。契約者に不妊治療保障の着脱の自由を許さない方法とも言えます。このため、逆選択やモラルリスクへの牽制効果は高くなります。しかし、同時に加入者の保障ニーズの変化に柔軟に対応できなくなる問題にもつながります。例えば、すでに出産して、それ以上、子どもを産む予定がない場合でも、医療保険中に不妊治療保障が残ることになります。これは、保険のムダにつながる可能性があります。このため、不妊治療保障のみを取り外すことができるような制度を設けておくことが考えられます。

ⅱ.特約方式

　不妊治療保障を医療保険に特約として付加することで、不妊治療保障単独での保険加入を認めない方法です。この方式では、不妊治療保障が不要となった場合には、特約のみを解約することができます。しかし、将来、不妊治療を受ける予定のある人ばかりが、特約を付加し続けることにつながりかねません。即ち、逆選択やモラルリスクへの対応の面では、医療単品方式よりも効果が限られると言えます。

　このように、複数の保障を束ねる方法では、逆選択やモラルリスクへの対応と、加入者の保障ニーズの変化への対応が、相反するものとなってきます。このため、両者のバランスをどのようにとるべきか、検討することが必要となります。

イ．給付金額を制限する方法

　給付金額に限度を設けて、給付支払の無制限な増大を止める方法です。この方法は、医療保険でよく行われています。例えば、1日あたりの入院日額を決めておいて、入院をした際に入院日数分給付するような医療保険が取り扱われています。この場合、1日あたりの入院日額には、契約上の上限額が設定されているのが一般的で、それを超えて契約することはできません。また、給付対象となる入院日数にも、1回の入院で120日以内、通算の入院で1095日以内など、限度が設定されているのが一般的です。

　同様に不妊治療保障でも、給付金額を制限することが考えられます。これには、治療1回あたりの給付金額に上限を設ける方法、給付回数に限度を設ける方法、給付金の累計額に上限を設ける方法があります。

ⅰ．治療1回あたりの給付金額に上限を設ける方法

　加入者は、治療1回あたりの給付金額の上限を超える分の治療費を自己負担することになります。このため、高額の不妊治療を受けることがある程度抑制されます。これは、国や地方自治体の公的助成で行われているものと同じ方法で、加入者が負担すべき治療費のうちの、一定金額を保障するものとなります。

ⅱ．給付回数に限度を設ける方法

　加入者は、あらかじめ定められた回数を超える分の不妊治療については保険の給付を得られません。これも国や地方自治体の公的助成で行われているものと同じ方法です。上記ⅰの方法とセットで行うことで給付金総額の限度を設定するものとなります。

　この方法で回数の上限を定める際には、医学上の知見に基づいて不妊

治療の効果をどのように見積もるかに慎重を期す必要があります。と言うのも、人工授精や体外受精等の不妊治療は、治療の効果が挙がらない場合、何回も治療を繰り返して行うことが多いためです。特に、40代以降は、不妊治療の効果が現れにくいと言われています[6]。そのため、何回の治療までを給付の対象とすべきかは、簡単には決められません。

国の公的助成は、2004年度にスタートした時には、年齢によらず10回までとされていました。しかし、不妊治療で出産した人の約9割は、6回までの治療で妊娠・出産している[7]ことを踏まえ、2014年度に制度が見直されました。見直し後は、初回申請時の治療開始年齢が39歳までの女性は6回、40歳以上の女性は3回が上限とされています。また、2016年度からは、43歳未満という上限年齢が設けられています。

ⅲ. 給付金の累計額に上限を設ける方法

加入者は、不妊治療を受けた場合、給付金累計額の範囲内で給付を受けることができるとする方法です。この方法は、様々な種類の不妊治療に異なる給付金額を設定する場合に有効です。加入者は、累計額の限度の中で治療方法を選択することになります。

例えば、累計額の限度を100万円とした上で、1回あたり、人工授精は5万円、体外受精は20万円の給付を行うものとしましょう。ある加入者が、人工授精を4回試みましたが妊娠に至らなかったため、体外受精に切り替えたとします。この場合、限度額までの残り80万円の受給

---

[6]「累積分娩割合を年齢5歳階級ごとに比較した場合、30〜34歳及び35〜39歳においては、治療回数を重ねるにつれて累積分娩割合は増加しているが、40歳以上では、治療回数を重ねても累積分娩割合はほとんど増加しない」(「不妊に悩む方への特定治療支援事業等のあり方に関する検討会報告書」、平成25年8月23日、p12より抜粋)

[7]「生殖補助医療により生まれた児の長期予後の検証と生殖補助医療技術の標準化に関する研究」(研究代表者:吉村泰典〈慶應義塾大学医学部〉, 厚生労働科学研究費補助金 成育疾患克服等次世代育成基盤研究事業、平成24年度研究報告書)より

が可能となり、体外受精は4回まで給付されることになります。

図表2. 給付金の累計額に上限を設ける方法の例

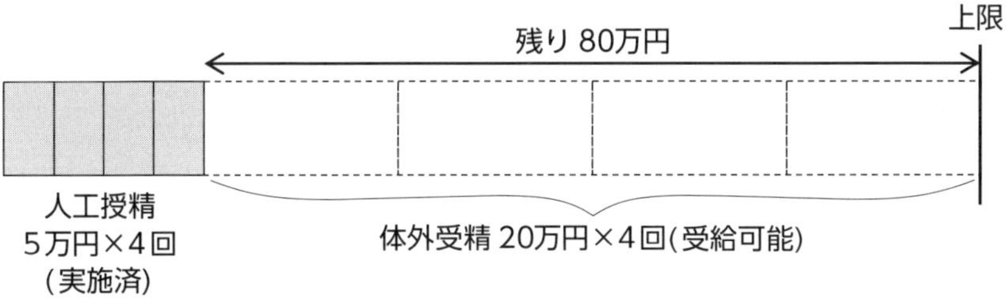

```
                                                              上限
        ←――――――――― 残り80万円 ―――――――――→
┌──┬──┬──┬──┐┈┈┈┈┈┈┈┈┈┈┈┈┈┈┈┈┈┈┈┈┈┈┈┈┈┈┈┈┈┈┈┈┈
│  │  │  │  │
└──┴──┴──┴──┘┈┈┈┈┈┈┈┈┈┈┈┈┈┈┈┈┈┈┈┈┈┈┈┈┈┈┈┈┈┈┈┈┈
    人工授精        体外受精20万円×4回(受給可能)
  5万円×4回
   (実施済)
```

※筆者作成

ウ. 給付期間を制限する方法

　保険に加入した後の一定の期間は、支払事由に該当しても給付を行わないという方法です。保険会社は、そのことを約款に明記して、契約時に、顧客に十分に説明することが必要となります。これは、保険用語で「待機期間」と言われるものです。例えばがん保険では、加入後90日間に行われた治療については、給付の対象外とするなど、待機期間が設定されることが一般的です。このように加入後の一定期間の給付を制限することで、これからすぐに治療を開始する人の加入をある程度、抑制することができます。

図表3. 給付期間を制限する方法のイメージ

```
      ┌─────────┬──────────────────┐
      │ 待機期間  │    保険期間中      │
      │(保障なし)│    (保障あり)      │
      └─────────┴──────────────────┘
     契約成立   待機期間
                終了                →経過
```

※筆者作成

不妊治療保障でも、加入当初に待機期間を設定することで、この保険からの給付をあてにして、保険に加入直後に不妊治療を受けるといった、逆選択やモラルリスクの動きを、抑制することが期待できます。ただし、待機期間を長めに設定すると、保障がない状態が長期間続くことになり、それだけこの保険への加入のインセンティブは働きにくくなります。モラルリスク等への対処と、加入インセンティブの確保が両立するようなバランスのよい待機期間の設定が求められます。

③発生率の設定
a）医療技術の進展等への取り組み
　一般に、医療保険等で新しい保障を取り扱い始めるときには、その保障の対象となる保険事故の発生率が見通せません。医療においては、発生率に影響を与える要因がいくつも考えられます。例えば、感染症をはじめとする病気そのものの蔓延(まんえん)、新たな診断技術の進歩による病気の早期発見、先進医療や画期的な薬剤などの医療サービスレベルの向上による治療技術の進歩、公的医療保険制度の適用の有無などです。これらのことが複合的に影響するため、将来の発生率の推定には困難を来すことがよく見られます。

　不妊治療保障の場合も、医療保障と同様のことが言えます。近年、不妊に悩むカップル等の問題は、社会に広く認識されつつあります。これと併せて不妊治療の技術の研究が進められ、生殖医療は日々進歩しています。

　また、治療費負担に対する公的助成や公的保険の制度も医療技術の動向を左右しかねません。現在日本では、体外受精や顕微授精は、公的医療保険の対象ではなく、国や地方自治体の助成制度で治療費の一部が賄われています。しかし、今後、助成の金額や助成範囲が拡大されたり、

従来対象外とされていた治療法が、公的医療保険の対象に組み込まれるようになれば、不妊治療を受けようとする人は増えるものと考えられます。そうなれば、生殖医療を手がけるクリニックが増加したり、医療メーカーでの不妊治療関連の薬剤や医療機器の開発が促進されたりすることになるでしょう。これにより、不妊治療の医療技術がさらに向上するといった、促進のサイクルが生じる可能性もあります。

　こうした、医療技術の進展等を、長期間にわたる保障を行う保険の設計に織り込むことは簡単ではありません。将来を見越して、公的制度等に変更がなされた場合の取扱規定を、あらかじめ約款の中に設けておき、長期間の対応ができるようにしておくことなどが考えられます。

b）保険料の設定

　保険会社が新しい保障を提供する場合、保険事故の発生率が見通せません。即ち、発生率がどのような分布になるのか、わからないことがあります。具体的には、発生率の平均的な水準がどの程度なのか、実際の発生率は、平均的な水準からどのくらい乖離(かいり)し得るのか。人口動態の推移や、医療技術の進歩などの環境変化が、どの程度発生率の変化に影響を与えるのかがわからないのです。保険会社は、そのような中で発生率を想定し、その想定にもとづいて保険料を定めることとなります。

　通常、保険会社は既存の類似した保障の実績や国民全体を対象とした公的統計等を基に、発生率を見積もります。そして、それに割増分を上乗せして予定発生率を設定します。設定された予定発生率は、保険料決定の基礎となります。後に保険事業が実際に展開されると、リアルな発生率が算出されます。その水準が予定発生率を下回っていれば、その差分から危険差益が生じます。有配当契約の場合は、通常その一部を配当として契約者に還元しています。

不妊治療保障のような全く新規のサービスでは、既存の保障の中に類似するサービスはありません。したがって、既存の保障から得られる発生率の実績データは、ほとんど参考になりません。また、現在不妊治療に関する公的統計も、公表されていません。したがって、不妊治療を行っているクリニックの治療実績を部分的に参考にするなど、限定的なデータをもとに、発生率を見積もることになります。加えて、発生率の分布が不明なため、発生率の平均からの乖離もわかりません。さらに、不妊治療の広がりや技術進歩などの環境変化が、発生率の変化にどの程度、影響を与えるかも見通せません。

　このように、発生率の見通しが立ちにくいため、保険料を設定する際には、後述する安全割増の水準を保守的に（大きめに）、織り込むことが必要となります。その上で、保険事業を展開して、剰余が生じた場合は、契約者配当によって事後精算をしていくという形が、一般的となるものと考えられます。

(2) 不妊治療保障に関する様々な留意点

　この節からは、不妊治療を保障する場合の様々な留意点を見ていくことにします。まず、保険商品ラインアップの中での位置づけから見ていきましょう。

①不妊治療保障の位置づけ

　現在、日本の保険会社は、人の生死や病気・ケガなどに対して多様な保障を提供しています。死亡保障、生存保障、医療・介護保障など、多くの保障分野で様々な保険商品が販売されています。

　これらの保険には、保障ごとに単品で加入するものと、いくつかの保障

を組み合わせて加入するものがあります。例えば、定期保険や終身保険といった死亡保障や、年金のような生存保障では、単品で、一つの保障のみに加入することもあります。

　一方、医療・介護保障の分野では、あらゆる病気に対応できるトータルな医療保険が販売されています。病気には、多くの種類があるため、特定の病気だけを保障する保険もあり、それらはその他の病気をカバーしていません。

　例えば、がん保険、心臓病保険、糖尿病保険に、それぞれ加入したとします。これで、がんや心臓病や糖尿病の治療は保険でカバーされます。しかし、それでも、肝炎や皮膚病や膠原病(こうげんびょう)といった病気には対応できません。そのため、加入者には不安が残るかもしれません。そこで、あらゆる病気を保障するトータルな医療保険が求められることとなります。この保険に加入することで、加入者は大きな安心感を得ることができます。

図表4. 医療保障への加入

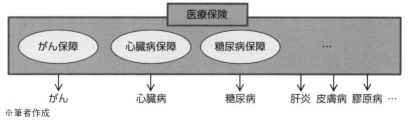

※筆者作成

　このように、病気ごとの保障ではなく、あらゆる病気をカバーする医療

保険のような考え方は、保障を提供する保険会社にとっても効率的です。一つの契約で、幅広い保障を行うことで、加入者が抱える様々なリスクに対応できるためです。

　加えて、保険会社のリスク管理においても、特定の保障のリスクが集中することを避けることができるメリットがあります。一般に保険会社は、保険給付が当初想定していたよりも多く発生して保険事業の収支が赤字となるリスクを抱えています。これは、「保険引受リスク」と呼ばれます。保険会社は、保険料を設定する際に、保険引受リスクを価格の中に反映します。具体的には、ある程度の保険引受リスクに対応できるよう、保険料の上乗せをしています。これは、「安全割増」と呼ばれます。

　もし、保険会社が様々な保障を単品で提供していくとすると、各保障ごとに、保険料に安全割増を組み込むことになります。そうすると、安全割増の合計は大きくなり、その結果、保険料の総額は高額となります。

　一方、あらゆる病気を保障するトータルな医療保険であれば、保障同士が保険引受リスクを打ち消し合うことがあります。このため、安全割増があまり大きくならず、保険料もそれほど高額とはなりません。

図表5-5. 安全割増のイメージ

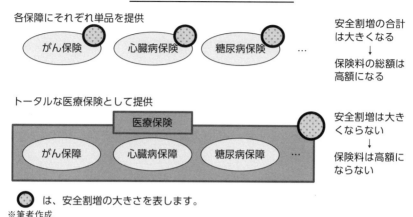

　不妊治療保障は、どのように提供すべきであるか考えてみましょう。不妊状態は、それ自体病気ではありませんが、通常、治療は医療機関で行われます。即ち、不妊治療は医療の一部とみなされています。このため、不妊治療保障は、医療保障の一部とみなすことができます。

　そこで、不妊治療を保障する保険を「がん保険」「心臓病保険」「糖尿病保険」などと同様に、単品で取り扱うことが考えられます。その場合は、加入者の不安や、保険料の高額化といった問題の検討が必要になるかもしれません。検討の結果、不妊治療保障を医療保険がカバーする保障の一つとして、医療保険の中に組み込んで保険商品を構成することも考えられます。

②契約項目の具体設計

　保険商品を開発するときには、いくつかの契約項目について、検討することが必要となります。その際の検討ポイントについて、見ていきましょう。

a) 保険の対象（被保険者）

　不妊治療の場合、通常の保険と大きく異なる点があります。そもそも保険の対象（被保険者）を誰にするかという点です。通常の保険であれば、被保険者が死亡したり、ある年齢に達して年金を受け取ったり、病気やケガで入院したりすることが、保険事故とされています。つまり、"被保険者" = "リスクの対象者" となります。しかし、不妊治療の場合は必ずしもそうとは限りません。

　例えば、ある夫婦が不妊で悩んでいるとしましょう。ここまでに述べてきたように、不妊の原因には、いくつかのケースがあります。夫に原因があるケース、妻に原因があるケース、夫婦双方に原因があるケースがあります。不妊の原因がわからないケースもあります。この夫婦の場合は、検査の結果、妻には特に問題はなく、夫が無精子症で、これが不妊の原因と判明したものとしましょう。

　ここで、この夫婦には、どのような不妊治療が行われるでしょうか。まず、不妊の原因である夫には、精路再建手術などの治療が行われるでしょう。しかし、治療によって症状が完治するとは限りません。そこで、妊娠・出産を目指して、体外受精を行うことが考えられます。その場合、不妊治療は、妻に対しても行われることになります。

　この夫婦の場合、具体的には、夫の精巣組織に精子があれば手術でそれを採取します。併せて妻から手術で採卵をします。そして、体外受精や凍結胚移植などの不妊治療をすることで、妊娠・出産に至ることを目指します。即ち、夫と妻の双方に、不妊治療が行われることになります。

　このように、不妊の原因は様々であり、また、不妊治療の対象者が、不妊の原因を持った人だけに、とどまらないこともあります。このため、不妊治療保障では、被保険者を誰にするか、という点の検討が必要とな

ります。被保険者を、男性・女性のカップルにセットで設定する方法や、男性、女性それぞれ個々に設定する方法が考えられます。

　国が行う公的助成は、従来女性に対する治療のみを対象としてきました。しかし、２０１６年度からは、男性に対する不妊治療も対象とするように助成が拡大されました。

　なお、不妊治療を保障する保険で、被保険者を男性・女性のカップルにセットで設定する方法をとる場合には、離婚等によりカップルを解消した場合の契約の取り扱いについても、約款で定めておくことが必要となります。

b) 公的助成制度との関係

　民間の医療保険を考える際、公的助成制度との関係をどのように構えるかがポイントとなります。例えば、国や地方自治体から公的助成が行われている場合、その助成金によって、患者の治療費負担は軽減されます。しかし、公的助成には所得制限等が設けられている場合があります。この場合、一定額以上の所得のある世帯は助成対象外となります。また、年齢に応じて治療内容や回数に制限が設けられていて、その制限を超えた治療は助成の対象とならないこともあります。そこで、公的助成では賄われない範囲の保障を担うものとして、民間の保険の活用が考えられることとなります。

　不妊治療の場合、公的助成は治療のプロセスに応じて行われています。具体的には、所定の要件を満たした不妊治療は、１回あたり15万円の助成が受けられますが、採卵を伴わない凍結胚移植や採卵したけれども卵が得られない等のため、治療を中止した場合については、半額の7.5万円の助成となります。したがって、公的助成に応じて、この保険の給付を設定しようとすれば、このような治療プロセスを加味した形になり

ます。しかし、このように治療プロセスに応じた給付を設定することは、保険が複雑でわかりにくいものとなる恐れがあります。そこで、治療プロセスではなく、個々の治療に応じて、給付を行うことで、保険給付をシンプルなものとすることが考えられます[8]。

c) 保険期間

一般に、不妊状態のカップルに対する不妊治療には、3つの負担があると言われます。治療に保険が適用されないことによる「経済的負担」、排卵誘発剤の使用等に伴う女性の「身体的負担」、治療がうまくいかないことによる「精神的負担」の3つです。

図表6. 不妊治療の3つの負担

	負担の例
経済的負担	体外受精や顕微授精には保険が適用されないため、治療のための金銭面の負担が大きくなる
身体的負担	排卵誘発剤の副作用による体調不良や、採卵に伴う激しい痛みなど、主に女性の身体への負担が大きい
精神的負担	治療の結果、妊娠・出産に至らない場合、治療を何回も繰り返すこととなり、精神的な疲労が大きくなる

※ 筆者作成

このうち、不妊治療を保障する保険は、1番目の経済的負担を緩和する役割を担います。それでも、2番目の身体的負担や、3番目の精神的負担は残ります。通常不妊治療は、女性が40代となると、なかなか妊娠に至らないことが多いと言われます。この場合加入者は、不妊治療を

---

8 ただし、個々の治療に応じた給付とすると、公的助成との連動性は弱まります。公的助成で、助成が半額に削減された場合でも、その削減分を保険で補えない、といったケースも生じかねません。

続けるべきかどうかを、身体面や精神面の負担を踏まえながら考えていくものと思われます。

このため、保険期間として何歳までの保障を行うかを設定する際には、不妊治療の有効性や加入者の様々な負担に十分留意することが必要となるでしょう。

d）加入年齢の設定

加入年齢の上限については、保険期間と同様、不妊治療の有効性や加入者の負担を踏まえた慎重な設定が求められるでしょう。

それでは、加入年齢の下限についてはどう考えるべきでしょうか。民法上の婚姻可能年齢を踏まえれば、女性は16歳、男性は18歳を、加入年齢の下限とすることが、考えられます。

一方、保険加入後直ちに、妊娠・出産に至らない年齢範囲として、15歳以下の人も加入できるように加入年齢の下限を設定することも考えられます。これは子どものうちから、将来、不妊状態になるリスクを踏まえて保険に加入しておくという考え方です。

なお、保険契約では婚姻歴のない20歳未満の人が加入する場合には、親権者（親権者がいない場合は未成年後見人）の同意が必要となります。不妊治療保障の場合も、同様の取り扱いが考えられますので、契約実務上、親権者同意の枠組みを整備しておくことが必要となるでしょう。

図表7. 加入年齢の範囲

	考え方	
上限	不妊治療の有効性、加入者の負担を踏まえて慎重に設定	
下限	女性16歳、男性18歳	民法上の婚姻可能年齢に合わせて設定
	上記に達する前（15歳以下等）	将来の不妊状態リスクを、保険で対応できるよう設定

※ 筆者作成

e）婚姻条件の設定

　公的助成と同様、加入者を婚姻関係にある夫婦に限定するかどうかを検討する必要があります。仮に、婚姻関係にある夫婦に限定する場合には、保険期間中に夫婦が離婚した場合の取り扱いも決めておく必要があるでしょう。

　なお、婚姻関係を前提とすることは、未婚者の加入を阻むことにつながります。昨今、平均初婚年齢は上昇し[9]、若年者の未婚率が高まっています。従来、不妊状態は30代以降に明らかになりやすく、若年期には、その問題意識が薄いとされてきました。しかし近年、結婚前の若年期から妊娠等に関する知識の普及や啓発を行うことが重要とされてきています。教育の現場等では、そのための取り組みも進められています[10]。このような動きの中で、不妊治療を保障する保険には、不妊に悩む人々が

9　2014年の平均初婚年齢は、男性31.1歳、女性29.4歳で、10年前に比べて、男性は1.5歳、女性は1.6歳上昇しています。（「平成26（2014）年 人口動態統計（確定数）の概況」（厚生労働省）より。）
10　「妊娠等に関する知識の普及啓発に当たって、（中略）様々な方策により国民が分かりやすい形で普及啓発を図っていくことが適当である。こうした普及啓発は、現に妊娠・出産を考えている方に対して行うだけでなく、結婚前の段階から行うことも重要である。（中略）さらに、学校教育（特に高校まで）を充実させることも重要である。現在も、妊娠可能性や不妊については、高等学校学習指導要領に基づき、受精、妊娠、出産とそれに伴う健康課題などについて理解できるようにすることとしており、引き続き、厚生労働省と文部科学省が連携して取組を進めていくことが必要である。」（「不妊に悩む方への特定治療支援事業等のあり方に関する検討会報告書」、平成25年8月23日、p5より抜粋）

抱える問題を社会に広く周知するという一面があるものと思われます。こうした観点に立てば、既婚者だけでなく、未婚者にもこの保険への加入機会を開くことが考えられます。

　また、未婚者の中には法律上の婚姻関係にはない、事実婚のカップルもいるでしょう。これらの人々にも不妊治療のニーズはあると考えられます。

　未婚者をこの保険の加入対象とする場合には、「保険の対象（被保険者）」という検討点との関係で、契約の枠組みを整理する必要があるかもしれません。例えば、被保険者を異性のカップルにセットで設定する方法をとる場合、未婚者はどのように被保険者に組み込むのか、事実婚のカップルをどのようにカップルとして定義するのか（あるいは、そもそも定義の必要があるのか）、といった点の具体的な検討が必要と考えられます。

③給付の設計

a) 不妊治療を受けずに出産した加入者への給付

　被保険者が不妊状態とならずに出産に至った場合、結果的に不妊治療の保障は不要だったことになります。もちろん、この場合でもそれ以後（第2子以降の出産のため）に、不妊治療を開始する可能性はあります。しかし、少なくとも、第1子の出産については、不妊治療の保障は不要だったことになります。

　不妊治療の保障を掛け捨ての保険と位置づければ、やむを得ないものと考えられます。一定期間の死亡保障を行う定期保険と同様、保険料は安いけれども、保険料を支払うのみで、保険金を受け取ることのない加入者が生じることとなります。

　一方、被保険者が不妊状態とならずに、出産に至った場合には、不妊

治療保障とは別に、何らかの給付を行うことも考えられます。例えば、出産祝金などの一時金を給付するよう、保険の仕組みを構えることが考えられます。ただし、この場合には、その分保険料は高くなります。

b）給付を受けた加入者の出産祝金など

前項のとおり、加入者が不妊治療を受けずに出産に至った場合に、出産祝金などの一時金を給付することにしたとしましょう。その場合、不妊治療を行った結果、妊娠・出産に至った加入者に対しても同様に、一時金を支払う必要が出てくるものと思われます。これは、不妊治療の実施の有無で一時金の給付に差を設けることは好ましくないと考えられるためです。

このように見ていくと、不妊治療保障には、出産祝金などの一時金の給付をセットで設けることが適当か否かという論点があると言えるかもしれません。即ちこの保険を、不妊治療の保障に特化した給付設計とするのか、それとも出産に向けた準備のための総合保険と位置づけるのかという論点です。この保険を総合保険と位置づける場合、不妊治療の保障は保険の要素の一つとして設計することとなります。

c）出産祝金の給付額は、どのように設定するか

出産祝金は子どもが生まれたときに給付されます。出産祝金を給付することにした場合、給付額をどのように設定するかを考える必要があります。

まず、子どもが1人生まれるごとに一定額の給付を行うことが考えられます。これは、単純でわかりやすいものとなるでしょう。

一方、第2子、第3子等が生まれた場合、出産祝金の給付額を、第1子よりも引き上げることが考えられます。この増額の設定には、複数の

子どもが誕生したことを祝う意味が込められています。この場合、双生児等の誕生時の祝金額の計算方法を決めておく必要があるでしょう。例えば初めての出産で、双生児が誕生した場合には、第1子分と第2子分の祝金の合計額を給付するといった方法が自然な取り扱いになるものと考えられます。

d) 不妊治療をやめた加入者に対しての保障変更や給付

　不妊治療の保障では、治療を受けるかどうかが加入者の意思に委ねられています。それとともに、開始した治療を継続していくかどうかも加入者の意思によります。不妊治療は、必ずしも成功するとは限らず、途中でやめざるを得ないこともあります。やめた後は、保障は不要となります。その場合、不妊治療保障のみの解約を取り扱う方法と、そのような解約をしなくても済むようにあらかじめ満期給付を設定しておく方法が考えられます。

ア. 不妊治療保障のみの解約を取り扱う方法

　不妊治療の保障を解約するニーズに、直接対応するものです。不妊治療保障を特約方式としている場合は、特約の解約で対応できます。一方、医療単品方式としている場合は、不妊治療保障のみの取り外し（途中変更）ができるように、制度を設計しておくことが求められるものと思われます。

イ. 満期給付を設定しておく方法

　不妊治療保障のみの解約を取り扱う代わりに、あらかじめ満期給付を設定しておく方法も考えられます。これは、死亡保障のみではなく、満期保険金もある養老保険のような形の保険とするものです。この方法で

は、保険の満期時に契約時に設定した満期保険金と、保険期間中に支払われた給付金合計の差額を契約者に支払います。こうすることで、加入者に、契約を継続するインセンティブを付与することとなり、不妊治療保障の解約のニーズを減らすことにつながるでしょう。ただし満期保険金は、満期を迎える契約全てに対して支払われるため、多くの契約が満期を迎えるとの前提の下で保険料を設定すれば、保険料は高くなります。

図表8. 妊娠・出産に関する給付設定（まとめ）

	不妊治療保障	出産祝金（一時金）	満期給付	保険料	位置づけ	類似商品
不妊治療保障特化保険	あり	なし	なし	安価	不妊治療のみを保障する、掛け捨て型の保険	定期保険
出産準備総合保険（満期給付なしタイプ）	あり	あり	なし	高価	不妊治療のみならず、妊娠・出産に関する保障を行う、総合型の保険	祝金付定期保険
出産準備総合保険（満期給付ありタイプ）	あり	あり	あり	更に高価	上記に、満期給付をセットした総合型の保険	養老保険

※ 筆者作成

④実務面の検討

不妊治療を保障する保険を取り扱う際には、実務面で検討が必要となる項目もあります。加入時の危険選択や、それに伴う告知義務違反への対応があります。契約者の収入要件や、解約返戻金、配当金の設定も検討を要するでしょう。さらに、不妊と関連性の深い代理懐胎の取り扱いについても、検討が必要となるでしょう。以下、順番に見ていきましょう。

a）加入時の危険選択（告知）

　不妊に関連する危険選択について、検討が必要となります。通常、不妊状態になりやすいかどうかについては、保険会社よりも加入者本人の方が多くの情報を持っています。これは、病気にかかりやすいかどうかについて、加入者本人の方がよくわかっているという話と似ており、通常の医療保険でよく見られるものです。しかし、不妊状態が通常の医療と異なるのは、不妊治療を受けるかどうか、受ける場合にどういう治療を受けるかは、加入者に委ねられるという点でしょう。

　保険加入以前に不妊治療を受けたことがある場合、その内容を告知事項として問うべきかどうかの検討が必要となるでしょう。仮に、危険選択として加入時に被保険者の告知を求めたとしましょう。告知の結果、過去に不妊治療を経験した人は加入できない（謝絶する）のであれば、この保険には、不妊治療保障を切実に求める人が加入できないこととなります。

　一方、過去に不妊治療の経験がある人を加入させることは、不妊状態のリスクがある程度顕在化している人の保険加入を認めることを意味します。通常、不妊状態にある人は保険に加入した後に、不妊治療を行い、給付が発生する可能性が高いと考えられます。このようなリスクが顕在化している人が保険に加入することは、通常のリスクをもつ人（現在は不妊の問題は生じていないけれども、将来生じるかもしれないからそのリスクを踏まえてこの保険に加入しておこうとする人）との間で不公平を生む懸念があります。

b）告知義務違反への対応

　加入時に不妊治療の経験についての告知を求めることにしたとしま

しょう。この場合、保険会社は過去の不妊治療の経験を偽って加入した人に対して、給付請求時に告知義務違反を証明して給付を拒むこととなります。これは、告知義務違反への不支払と言われる対応です。

ここで問題となるのは、保険会社にとって、告知義務違反の証明が困難で、そのための費用がかさむ可能性がある点です。これは、受療者が不妊治療を受けるクリニックを変更するケースがあることが、要因の一つとなります。

不妊治療では、受療者が複数のクリニックを次々に変えて治療を受けることがあります。例えば、ある受療者がクリニックで何回か採卵や体外受精、胚移植等の治療を受けてみたものの、妊娠に至らなかったとします。このとき、この受療者は治療を受けているクリニックの治療方針や医療技術が、自分の不妊状態の改善に見合っていないことが妊娠に至らない原因なのではないかと考えることがあると言われます。

生殖医療は、日進月歩で、クリニックごとに治療の方針は大きく異なります。クリニックによっては、治療方針や妊娠・出産に至った実績、各治療の費用等を、インターネット上に掲示していることもあります。これらの情報を参考にして、受療者が、クリニックを次々に変更することが起こります。

その結果、保険会社が告知内容を確認するためにクリニックに連絡をとろうとしても、どのクリニックに確認すればよいかを捉えきれず、実務に大きな負担がかかる可能性があります。

c）契約者の収入要件

現在、国が行う公的助成では、収入要件（夫婦の合計収入が、年間730万円未満）が設けられています。これは、所得の低い人に対して、治療の費用負担を軽減することで、不妊治療を促す取り扱いと言えます。

言い換えると、高所得の人は自ら得た所得で、費用の負担が可能との考え方の整理をしているとも言えます。その背景には、限られた行政の財源を効率的に活用しつつ、不妊に悩むカップルの経済的負担の軽減を図ろうとする社会政策上の意図が込められているものと考えられます。

保険会社が取り扱う保険の場合、この収入要件をどのように取り扱うべきでしょうか。保険会社にとっては、妊娠・出産を望む人に対して経済的なサポートをするために、保険を提供することがこの保険を提供する目的となります。したがって、保険加入にあたって契約者の収入要件を設定する意義はありません。

ただし、公的助成に所得制限がある場合、助成対象から外れる高所得の人が大挙して、保険に加入しようとする可能性には、留意が必要でしょう。例えば、資金面で余裕のある高所得の人が、保険からの給付も活用しながら、高額な不妊治療を繰り返すことになるかもしれません。その場合、この保険の安全割増を大きくして、保険料を高めに設定することでこのような動きに対応していくことが考えられます。しかし、そうすると、高い保険料でも構わないとする、さらに高いリスクをもつ人ばかりが、加入してくることにつながるかもしれません[11]。

また、保険料の引き上げではなく、給付限度や待機期間の設定により、こうした動きに対応しようとすると、給付が限度一杯に達する契約が続出したり、待機期間終了後に給付請求が集中したりすることが起こるかもしれません。これらの設定には細心の注意を払う必要が生じるものと考えられます。

このように、公的助成との関係を踏まえて、契約者の収入要件をどのように取り扱うかは、保険引受リスクの管理上、重要な要素になる可能性があります。

---

11 保険の用語では、「リスクの濃縮」と呼ばれる現象です。

d) 解約時の返戻金

　通常、保険の解約時には、あらかじめ設定された解約返戻金が支払われます。解約時には、不妊治療の有無によらず一定の金額を解約返戻金として支払うことも考えられます。しかし、不妊治療を受けた契約と受けなかった契約との間で、公平性を確保するために、これまでに支払われた不妊治療給付の金額に応じて、解約返戻金に差を設けることも考えられます。

　また、保険の満期時に契約時に設定した満期保険金と保険期間中に支払われた給付金の差額を契約者に支払う満期給付を設定する場合、満期まで保険を継続する契約者の間では公平性が確保されることとなります。そこで途中で解約する場合の解約返戻金を抑制して（低額もしくはゼロとする）、その抑制を保険料に反映することが考えられます。こうすることで保険料の低廉化が図られ、契約を継続する顧客にメリットを付与することとなります。これは、いわゆる「低解約返戻金型保険」の考え方です。

e) 配当金

　通常、保険会社は有配当契約について、毎年の決算で生じた剰余をもとに契約者に割り当てる配当金を決定しています。不妊治療を保障する保険も、基本的にこの考え方は変わりません。検討が必要となるのは、不妊治療の給付を受けた契約者と給付を受けなかった契約者の間で、配当金に差を設けるか否かという点でしょう。医療保険では、入院や手術等の給付を受けなかった契約だけに行う配当として無事故配当と言われるものがあります。この無事故配当を不妊治療を保障する保険にも導入すべきでしょうか。

　一般に、無事故配当には保険会社から見て、軽度の給付請求を牽制す

る効果（メリット）と、真に必要な給付請求を阻害する影響（デメリット）があると言われます。無事故配当を行う場合、このメリットとデメリットのバランスをどのようにとるかが保険会社に問われることになるでしょう。

一方、無配当契約として保険を提供することも考えられます。この場合、通常有配当契約より保険料は安価となります。ただし、将来剰余が発生しても契約者への還元は行われません。

f) 代理懐胎（かいたい）への給付

不妊治療は、代理懐胎[12]の問題に密接に関係しています。代理懐胎について、日本では日本産科婦人科学会が1983年に決定した会告により自主規制が行われており、原則として実施されていません。

2001年には、厚生労働省の審議会の下に、検討のための部会が設けられました[13]。その後2003年にその部会より代理懐胎のための施術は「生まれてくる子の福祉を優先する」「人を専ら生殖の手段として扱ってはならない」「安全性に十分配慮する」という基本的考え方に著しく反することを理由として罰則を伴う法律によって規制するとした報告書が公表されました[14]。しかし、その後立法化には至っていません。

2006年には法務大臣と厚生労働大臣からの審議依頼に基づいて日本学術会議で、法学、医学、生命倫理等の専門家からなる検討委員会[15]が設けられました。2008年には、この検討委員会が、「代理懐胎を中心と

---

12 この稿では、子を持ちたいカップルが、生殖医療の技術を用いて妊娠することと、その妊娠を継続して出産することを、他の女性に依頼し、生まれた子を引き取ること、を指すこととします。
13 厚生科学審議会 生殖補助医療部会
14 「精子・卵子・胚の提供等による生殖補助医療制度の整備に関する報告書」(厚生科学審議会 生殖補助医療部会, 平成15年4月28日)の「7 規制方法」より、抜粋の上、一部改変。
15 日本学術会議 生殖補助医療の在り方検討委員会

する生殖補助医療の課題」についての報告書を公表しました。報告書には代理懐胎についての法的規制の必要性、代理懐胎により生まれた子の親子関係、出自を知る権利、卵子提供の場合や夫の死後凍結精子による懐胎など、10項目に渡る提言が行われています。

図表9. 代理懐胎を中心とする生殖補助医療の諸問題についての提言

(1) 代理懐胎については、法律（例えば、生殖補助医療法（仮称））による規制が必要であり、それに基づき原則禁止とすることが望ましい。
(2) 営利目的で行われる代理懐胎には、処罰をもって臨む。処罰は、施行医、斡旋者、依頼者を対象とする。
(3) 母体の保護や生まれる子の権利・福祉を尊重し、医学的、倫理的、法的、社会的問題を把握する必要性などにかんがみ、先天的に子宮をもたない女性及び治療として子宮の摘出を受けた女性に対象を限定した、厳重な管理の下での代理懐胎の試行的実施（臨床試験）は考慮されてよい。
(4) 代理懐胎の試行に当たっては、医療、福祉、法律、カウンセリングなどの専門家を構成員とする公的運営機関を設立すべきである。一定期間後に代理懐胎の医学的安全性や社会的・倫理的妥当性などについて検討し、問題がなければ法を改正して一定のガイドラインの下に容認する。弊害が多ければ試行を中止する。
(5) 代理懐胎により生まれた子の親子関係については、代理懐胎者を母とする。
(6) 代理懐胎を依頼した夫婦と生まれた子については、養子縁組または特別養子縁組によって親子関係を定立する。
(7) 出自を知る権利については、子の福祉を重視する観点から最大限に尊重すべきであるが、それにはまず長年行われてきた夫以外の精子による人工授精（AID）の場合などについて十分検討した上で、代理懐胎の場合を判断すべきであり、今後の重要な検討課題である。
(8) 卵子提供の場合や夫の死後凍結精子による懐胎など議論が尽くされていない課題があり、今後新たな問題が出現する可能性もあるため、引き続き生殖補助医療をめぐる検討が必要である。
(9) 生命倫理に関する諸問題については、その重要性にかんがみ、公的研究機関を創設するとともに、新たに公的な常設の委員会を設置し、政策の立案なども含め、処理していくことが望ましい。
(10) 代理懐胎をはじめとする生殖補助医療について議論する際には、生まれる子の福祉を最優先とすべきである。

※「代理懐胎を中心とする生殖補助医療の課題 -社会的合意に向けて-」(日本学術会議 生殖補助医療の在り方検討委員会, 平成20年4月8日)より抜粋

一般に、不妊に悩むカップルは、「子どもが欲しい」という切実な願いを持っています。海外では、多くの国で代理懐胎が認められています。日本からこれらの国に渡航して、代理懐胎を依頼するケースも出てきています。

　このような動きを踏まえると不妊治療を保障する保険が代理懐胎の場合の治療を給付対象にするかどうか、検討しておくことが必要と考えられます。例えば、採卵という施術に対して給付を行うとした場合、採卵した卵子に体外受精させて胚盤胞に至った後に別の女性に胚移植して代理出産をするケースでは、これを保険の給付対象とすべきかどうかです。これは倫理・社会的な問題を含むため、大変、難しい検討を要するものと考えられます。

⑤その他の実務上の検討
a）資産運用

　不妊治療保障は医療保険に類似した性格をもっています。そのため、医療保険と同様の資産運用を行うことが基本となります。通常、保険会社では医療保険は一般勘定として終身保険や定期保険などの他の死亡保障保険と一緒に資産運用を行っています。不妊治療を保障する保険も一般勘定で資産を運用することが基本となるでしょう。

　不妊治療保障の資産運用について特徴を挙げるとすれば、保険期間が有期である点でしょう。加入年齢を20歳代、満期年齢を40歳代とすると、保険期間は20年程度となります。特に祝金や満期給付を行う場合には、一定のまとまった金額の資産運用が必要になると思われます。

　なお、保険の仕組みを低解約返戻金型にする場合、通常の保険に比べて途中で解約される可能性は低いと考えられます。満期給付の支払いに

向けた資産運用として満期までのデュレーションに軸足を置いた安全資産（高格付けの国内債、国内債型の投資信託等）による資産運用が基本となるでしょう。

b) 再保険の活用

　保険の世界では、新規分野の保障を行う場合、再保険を活用したリスク分散が行われることがあります。医療保険でも、再保険が行われることがあります。例えば、特定の病気にかかったことのある人が、医療保険に加入する場合、その病気の再発のリスクを見通しにくい場合があります。このような場合、再保険の活用が考えられます。

　具体的には、引き受けた保険の一部を他の保険会社や再保険会社に出再します。その際、保険会社は再保険料を支払います。後日、この加入者に対して医療保険の給付を支払うことになれば、保険会社は出再した保険の部分について、出再先から再保険金を受け取って保険金支払いの一部に充てることができます。

　不妊治療保障は、保険会社にとって特定疾病などと同様、新規分野の保障となりますので、再保険を活用することが考えられます。ただし、その前提として再保険が事業として成り立つために、不妊治療保障を取り扱う保険会社や再保険会社が、数多く出現していることが必要となるでしょう。

c) プーリングの活用

　一般に新規分野の保障を開始したときには、リスク管理に必要な契約ボリュームや給付支払の実績・経験が乏しいことがあります。そのため、保険会社が単独でリスク管理を行うことは難しいでしょう。そこで、考えられるリスク管理方法の1つにプーリングがあります。これは、同じ

保障を取り扱う複数の保険会社が、共同で再保険を行って保険契約の管理を行うものです。

プーリングによって、個別の保険会社だけでは契約数が少ない場合でも、全体では契約数が多くなり、保険事業が成立するための前提である大数の法則に則った適切な保険数理の下、リスク管理を行うことができるようになります。

具体的には、ある保険会社が契約を締結したら、その保険料の一部を、自動的にプーリングに出再します。出再された部分は、プーリングのファンドに共同管理されます。そして、もし契約に給付金等の支払いが発生すれば、出再分に対応する再保険金が、プーリングから出再した保険会社に支払われることになります。

不妊治療保障でも理論上、このプーリングの仕組みを用いることが考えられます。そのためには、多くの保険会社で不妊治療を保障する保険を取り扱うことが前提となります。同時に保険会社間で、不妊治療の保障の内容を均一化することも必要となります。

一般に、保険会社が新商品を開発する場合、まだどの会社も提供していない保障を取り扱うという、先行者メリットを享受することが大きな目的となります。しかし、プーリングは、複数の保険会社で共同して行うものであり、これとは全く逆の動きとなります。したがって、プーリングによるリスク管理は、机上の検討としては成立するものの、実際の新商品の保険事業に適用させることは容易でないと考えられます。

d) 団体保険として、不妊治療保障を取り扱うことは可能か

保険には、個人が契約者となって加入する個人保険のほかに、企業等が契約者となって従業員などを包括的に保険に加入させる、団体保険も

あります[16]。日本では、これまでに団体保険として、死亡保障保険や医療保険などが取り扱われています[17]。

不妊治療保障についても、団体保険として取り扱うことが考えられます。団体保険には、加入の形式に全員が加入するタイプと、加入者が任意に加入するタイプがあります。例えば、全員が加入するタイプの場合、逆選択やモラルリスクは、働きにくいというメリットがあります。

ただし、いくつか検討すべき点もあります。例えば、通常、不妊治療を行うことが考えにくい50歳代以降の従業員に対しても不妊治療保障は続けるべきか、不妊治療保険への加入時や給付請求時に、従業員が不妊治療を受けていることを勤務先に通知する必要が生じないか、といったことです。また、転職等で企業を離れる際には、加入している団体保険を脱退せざるを得ない場合があります。このため、どのように不妊治療保障の継続を図るかといった、いわゆる保険契約のポータビリティーの問題も生じてくるかもしれません。

団体保険として不妊治療の保障を提供する場合には、これらの課題に対して対応策を検討しておくことが必要となるでしょう。

⑥ 保険の普及と契約者保護

a) 広告や宣伝

不妊治療という新規分野の保障を広く取り扱う際には、この保障の意義や必要性を社会に広く周知させることが望ましいと考えられます。近年、不妊に悩むカップルの問題や、そのための不妊治療については徐々に浸透しつつあります。その中で、保険会社が不妊治療保障を提供し、これらの問題に対する社会の耳目を集めることは意義深いものと言える

---

16 実際にアメリカなどでは、この形での不妊治療保障が一般的に行われています。
17 例えば、死亡保障保険として団体定期保険、医療保険として医療保障保険（団体型）が挙げられます。

でしょう。

　テレビ・ラジオや、新聞・雑誌、インターネット、ソーシャル・ネットワーキング・サービス（SNS）等のメディアを活用した広告・宣伝を行うことが基本となるでしょう。

　不妊治療を保障する保険の加入対象が若齢者中心となることを踏まえ、若齢者向けの雑誌やSNSを活用することが効果的と考えられます。

　一般に、不妊の問題を意識する時期として、結婚の前後が考えられます。そこで、保険会社がブライダル産業と協働で不妊治療を保障する保険の周知を図ることも宣伝の一手となるかもしれません。

　また、各種イベントを活用することも考えられます。例えば、大学や高校の学園祭で、学生・生徒やその関係者に向けて、情報を発信することが考えられます。

　更に、社会の中で、多くの若者が集う場を利用することも、考えられるかもしれません。市区町村が開催する成人式の会場にブースを設け、新成人への周知を図るといったことも考えられます。各種の演劇、コンサート、スポーツイベント等の場で宣伝を行って、情報提供することも、一考に値するかもしれません。

b）契約締結時の留意点

　通常、生命保険契約を締結する際は、保険会社から契約者に対し、「ご契約のしおり」「約款」等による重要事項の説明や注意喚起情報の提供が行われます。不妊治療保障についてもこの点は同じです。契約締結時に契約者に対して、必要な事項を十分に説明することが求められます。

　不妊治療保障の場合、逆選択やモラルリスクへの対応のために給付金額に制限を設けたり、契約時から一定の期間、保障を行わない待機期間を設定することが一般的と考えられます。これらの制限の内容について

は特に丁寧に説明し、契約者に十分に納得してもらうことが必要でしょう。給付金の支払い請求に関するトラブルを未然に防ぐとともに、契約者が保険によって得られる安心を高めることができるからです。説明内容の理解を促すためには、保険商品の内容が複雑になり、契約者にわかりにくくならないように留意する必要があります[18]。

このため、「ご契約のしおり」や「約款」をはじめとした説明資料で給付事由や給付が行われない場合についていかにわかりやすく説明していくかも非常に重要と言えます。文章だけでなく、図や表を効果的に使って理解を促したり、説明文の文字を大きくしたりするなど様々な工夫が求められるでしょう。

c）不妊治療関連のサービス

不妊治療保障を提供するのに併せて、加入者に関連情報をサービスとして提供することが考えられます。これは、生殖医療の技術がまさに進化の過渡期にあるためです。将来、新たな治療技術が開発されて、より効果の高い治療法が確立される可能性があります。例えば、遺伝子検査技術や、画期的な医薬品・医療機器の開発により高い確度で不妊の原因が判定できるようになるかもしれません。そうなれば原因に応じて適切な治療が施され、治療効果が高まることが期待されます。

また、不妊治療への社会的認知がこれまで以上に高まることも考えられます。そうなれば、不妊治療を行う医療機関や、生殖医療を行う研究者、専門医の増加につながる可能性があります。不妊治療の研究についても、現在以上に幅広い医療機関や研究機関で取り組まれることが考え

---

[18] 金融審議会の報告書では、「保険商品が複雑になり、利用者に分かりにくくならないように留意する必要もある」とされています。（「新しい保険商品・サービス及び募集ルールのあり方について」（金融審議会 保険商品・サービスの提供等の在り方に関するワーキング・グループ，平成25年6月7日）より。詳しくは、第4章を参照）

られます。また、実際の治療にあたり不妊治療の受療先の紹介や、治療の受け方について助言を行う、医療アドバイザーも現れるかもしれません。

　このように、不妊治療の中身やそれを取り巻く環境は変化していくものと考えられます。受療者にとって、適切な情報を得ることが非常に重要となります。保険会社には、加入者向けのサービスとして、不妊治療関連情報を提供し、治療に伴う相談態勢をとることが期待されるものと考えられます。

　不妊治療関連情報として、例えば、次のようなものが考えられます。

　　　−不妊かどうかの悩み相談（診断のための医療機関の紹介）
　　　−不妊治療の種類、費用（公的助成制度を含む）の概要説明
　　　−不妊治療を行う医療機関の案内
　　　−不妊治療の実施やそこで生じた様々な事象についての相談
　　　　（治療がうまくいかない場合の、心理面のケア等）

　保険会社には、不妊治療の保障と関連サービスの提供を通じて、不妊に悩む人々を総合的にサポートする取り組みが期待されています。

　2016年10月には、日本生命保険から16歳〜40歳の女性向けに、「出産サポート給付金付３大疾病保障保険」が発売されました。この保険は、３大疾病（がん（悪性新生物）・急性心筋梗塞・脳卒中）や死亡時の保障に加え、出産時の給付や特定不妊治療の保障、満期まで継続された場合の一時金を組み込んだ商品となっています。

　特定不妊治療の保障は、体外受精・顕微授精の治療過程で受けた採卵または胚移植が対象とされています。出産時の給付と特定不妊治療の保

障により出産をサポートする商品は、国内生命保険業界初とのことです。(2016年9月現在 同社調べ(同社プレス発表資料より))

　また、同11月には、東京海上日動火災保険から「不妊治療費用等補償保険」が発売されました。この保険は、企業や健康保険組合等が契約者となり、契約者が社内規定等に基づき従業員に給付する費用を保険金として支払う内容であり、企業の福利厚生制度等として活用できるよう、企業・健康保険組合の構成員全員を補償の対象とする商品となっています。

　従業員本人とその配偶者を対象者としており、男性不妊治療も補償対象となります。加えて、特定不妊治療を行った人が切迫早産等の妊娠に関連する特定疾病で30日以上の入院をした場合には、一時金を支払うものとなっています。(同社プレス発表資料より)

　今後、国内の保険会社で、不妊治療を保障する保険商品の開発、販売の動きが広がっていくかどうか、注目されるところです。

第6章

海外における取り組み

最後に、海外における取り組みについて、見ていくことにしましょう。

アメリカ、ドイツには不妊治療費を保障する医療保険商品が存在します。また、イギリス、フランスでは不妊治療が公的医療制度の対象となっています。これらは、金融審議会のワーキング・グループでも確認されており、そのことを踏まえて、議論が行われました。

(1) 各国の不妊治療保障の概要

①アメリカ[1]

アメリカでは、被用者は勤務先の団体医療保険に加入することが一般的です。ただし、雇用主が団体医療保険を提供していない場合や自営業者などの場合は、個人で保険会社と契約して医療保険に加入します。医療保険は、公的保険と民間保険に分けられます。公的保険は、65歳以上の高齢者と特定の重度障がい者を対象とした、メディケアが代表的です。一方、民間保険は、ユナイテッドヘルスケア社、エトナ社、シグナ社等の営利の保険会社、ブルークロス社、ブルーシールド社のような非営利の保険会社、さらに雇用主が従業員に対して行う自家保険があります。民間保険では保険会社が関与するマネージドケア[2]の普及率が高くなっています。そこでは、患者、主治医、専門医、保険会社等を結ぶ医療機関ネットワークが構築され、その中で医療保険が提供されています。

アメリカでは、州ごとに保険の法規制が異なっています。通常、不妊治療保障は保険会社が引き受ける医療保険に含めて提供されます。不妊治療については、15の州で医療保険を取り扱う保険会社に対して、保険適用対象と

---

1 アメリカの医療保険制度の概要については、『アメリカの民間医療保険』磯部広貴(保険毎日新聞社、2006年)を、参考にしています。
2 保険加入者が受診可能な医療機関の範囲の違いによって、HMO(Health Maintenance Organization)、POS(Point of Service)、PPO(Preferred Provider Organization)などの種類があります。

することが強制されています。

図表1. アメリカ各州の取扱いの概要
（不妊治療を保険適用対象とすることが強制されている州）

州	開始年	保険会社に対する、強制・禁止の内容	対象となる保障の内容と、主な条件
アーカンソー州	1987	不妊治療に対する給付が強制される	体外受精のみ（生涯の通算上限を1万5000ドル未満まで請求可能とする）
カリフォルニア州	1989	不妊治療保障を受けられることを提示することが強制される	体外受精を除く卵子・精子卵管内移植法や、人工授精等は対象
コネティカット州	1989	不妊治療に対する給付が強制される	人工授精および体外受精等
ハワイ州	1987	不妊治療に対する給付が強制される	体外受精のみ（体外受精から生じる全ての外来費用を1回に限り保障）
イリノイ州	1991	不妊治療に対する給付が強制される（従業員25人以下企業は保障免除）	人工授精および体外受精等（4回の採卵が限度〈第2子については、2回分を追加〉）
ルイジアナ州	2001	不妊との診断を理由に、診察や治療を保障外とすることを禁止	体外受精を除く人工授精等は対象
メリーランド州	1985	不妊治療に対する給付が強制される（従業員50人以下企業は保障免除）	体外受精のみ（体外受精に係る外来費用と妊娠関連費用を含む）
マサチューセッツ州	1987	不妊治療に対する給付が強制される	人工授精および体外受精等
モンタナ州	1987	予防ヘルスケアサービスとして、不妊治療に対する給付が強制される（HMOにのみ適用）	保障内容を明確にしていない
ニュージャージー州	2001	不妊治療に対する給付が強制される	人工授精および体外受精等
ニューヨーク州	1990	不妊との診断を理由に、診察や治療を保障外とすることを禁止	体外受精を除く人工授精等は対象（治癒可能な医療状態の診察や治療を保障する。体外受精は治癒的治療とみなさない）（12ヵ月以上保険加入している21～44歳の受療者が対象）
オハイオ州	1991	不妊治療に対する給付が強制される（HMOにのみ適用）	保障内容を明確にしていない
ロードアイランド州	1989	不妊治療に対する給付が強制される	人工授精および体外受精等（受療者の自己負担割合は20％以下とする）
テキサス州	1987	体外受精の保障を受けられることを提示することが強制される	体外受精のみ
ウェストバージニア州	1977	不妊治療に対する給付が強制される（HMOにのみ適用）	保障内容を明確にしていない

※ASRMのホームページ 'State Infertility Insurance Laws' の表などをもとに、筆者作成

②イギリス[3]

イギリスには、1948年に設立された国民保健サービス（NHS[4]）と、プライベート医療があります。患者はいずれの場合も、あらかじめ登録した一般開業医（GP[5]）を受診します。そのうえで、必要があればGPの紹介を受けて、病院の専門医を受診します。緊急時を除いて、患者が直接病院の専門医を受診することはできません。NHSは税方式で、財源は一般税収で賄われているため、患者は原則として受診時に治療費を支払う必要はありません。ただしプライベート医療の場合は、治療費は全て自己負担となります。任意加入の民間医療保険に加入して、その給付を治療費として利用することもできます。

受療者が不妊治療の治療費をNHSに負担してもらうためには、一定の要件を満たす必要があり、その要件は地域ごとに異なります。いずれも体外受精のみが対象となります。

図表2. イギリスの地域ごとの取扱い

地域	NHSに不妊治療費を負担してもらうための要件・対象
イングランド	・NICE[6]の不妊治療ガイドラインに記載される治療が対象となる ― 40歳未満の女性につき、体外受精3回まで（治療中に40歳に達した場合、その回まで） ― 40～42歳の女性につき、体外受精1回（次の3つの基準を満たすことが必要　①過去に体外受精をしたことがない、②低卵巣予備能の徴候がない、③その年齢での体外受精により妊娠する追加的影響が論じられている） ・NHSによる治療費の負担は、CCG[7]により決定される。CCGごとに異なった基準を持っており、受療者のBMI、子どもの有無、過去に不妊治療を受けた回数などが基準に含まれることがある

---

3 イギリスの医療制度の概要については、『イギリス及びスウェーデンの医療制度と医療技術評価』伊藤暁子（国立国会図書館調査及び立法考査局レファレンス 2013年10月）を、参考にしています。
4 NHSはNational Health Serviceの略です。北アイルランドでは、HSC（Health and Social Care）となります。
5 GPはGeneral Practitionerの略です。

ウェールズ	・体外受精1回（ウェールズ議会とウェールズ健康委員会が共同で定める基準を満たす必要がある（その基準はNICEの不妊治療ガイドラインとほぼ一致している））
スコットランド	・スコットランド不妊専門家勧告団体の定めるガイドラインに従い、体外受精3回まで対象（最初の2回は卵を凍結させない方法で行い、凍結卵が利用可能な場合は3回目に用いることとされている） ・女性の年齢は39歳までとし、子どもがいないこと、資金負担を受けた胚移植が過去3回未満であることが条件
北アイルランド	・体外受精1回（40歳未満の女性を対象としており、子どもがいる場合も対象となる）

※NHSのホームページ 'IVF and Fertility Treatment – Funding Options' の記載内容をもとに、筆者作成

③フランス[8]

　フランスでは、社会保険制度であるセキュリテソシアルから不妊治療費が賄われます。この制度は基本的に全国民が加入するもので、全ての施術について100%保険適用となります。1994年成立の公衆衛生法典（Code de la Santé Publique）という法律で、不妊治療は生殖可能な年齢まで受けられるとされています。この法律の運用を定めた法令に、保険対象の不妊治療の条件が規定されています。それによると、42歳以下の女性に対し、4回の体外受精、6回の人工授精までは保険適用となります。不妊治療に関する情報は生物医学庁に報告されます。同庁は、報告されたデータをもとに不妊治療の実施状況の検証を行っています。

6　NICEは、National Institute for Health and Clinical Excellenceの略で、国立医療技術評価機構を指します。
7　CCGはClinical Commissioning Groupの略で、診療委託グループを指します。これは、主にGPからなり、地域で医療を企画・提供しています。
8　フランスの不妊治療については、「産みたいのに産めない〜海外の現状を取材して」NHK 2012年7月4日放送（放送内容は同協会ホームページに掲載）を、参考にしています。

④ **ドイツ**[9]

　ドイツには、社会保険制度として公的医療保険がありますが、国民皆保険制度ではなく、民間医療保険が補完・代替する仕組みとなっています。2003年制定の公的医療保険近代化法により、公的医療保険の給付範囲を縮減・廃止する見直しが行われました。生殖医療については、人工授精の給付範囲が縮減され、原則4回とされていたものが、最大3回までに限定されました。体外受精は刺激周期3回、自然周期8回まで給付対象となります。また、給付の対象者は25歳以上で、女性は40歳、男性は50歳までの場合に限定されました（従来は、女性は原則40歳、最高で45歳までと定められていただけでした）。費用の50％に相当する自己負担も導入されました。民間医療保険では、契約書に不妊治療制限に関する記載がなければ、原則として治療費は全額、保険会社に支払い義務があります。

⑤ **カナダ**[10]

　カナダは公的医療としては、州が医療制度を税方式で実施しています。カナダ保険法により、病院や医師のサービスは公費で保障されていますが、医薬品や医療機器、救急サービス、在宅医療は公的に保障されておらず、民間医療保険が補っています。そのため、民間医療保険への加入率が高くなっています。

　不妊治療については、オンタリオとケベックの二つの州が、体外受精を保障対象としています。

9　ドイツの医療保険については、「医療保険の公私関係－ドイツにおける変化と今後の方向」松本勝明（財務省財務総合政策研究所『ファイナンシャル・レビュー』平成24年第4号　2012年9月）を、参考にしています。
10　カナダの医療制度については、「OECD諸国における医療制度改革の動向」尾形裕也（医療科学研究所「医療と社会」12（2）2002-10）を、参考にしています。

図表3. カナダの州ごとの取扱い

州	治療費を負担してもらうための要件・対象
オンタリオ州	・体外受精1回まで（43歳未満であること）
ケベック州	・体外受精 刺激周期3回まで または 自然周期6回まで（こどもがいないことなどが条件）

※諸資料をもとに、筆者作成

⑥スウェーデン

　スウェーデンは公的医療としては税方式によりランスティングと呼ばれる県単位で、質の高い医療が提供されています。スウェーデンでは、1997年に政府が不妊症をプライオリティー・グループ3の疾病に分類し、不妊を明確に疾病と位置づけています。これにより、カウンセリングをはじめ、医療制度の中で不妊治療が行われています。

⑦韓国

　韓国では、社会保険方式の公的医療保険制度が確立しています。2003年に公的医療保険制度は一元化され、単一保険者による管理運営がなされるようになっています。混合診療が認められていることも、特徴の一つとなっています。韓国は、日本と同様、不妊治療の受療が増えており、助成制度を通じた不妊治療支援が行われています。

⑧オーストラリア[11]

　オーストラリアは公的医療としては税方式により国民皆保険体制であるメ

---

11 オーストラリアの不妊治療については、『少子化対策における不妊治療支援についての研究』仙波由加里（早稲田大学大学院 人間科学研究科、2003年1月）を、参考にしています。

ディケア制度が1984年に発足しています。オーストラリアでは、一般に混合医療が認められており、民間医療として医療保険が提供されています。

　不妊治療については、国営保険と民営保険が対象としていて、体外受精などにかかる費用の85％が政府により負担され、残り15％は民営保険から、所定の条件によって払い戻されます。施術回数等に制限はありません。

図表4. 諸外国における体外受精に対する経済的支援の状況

	アメリカ（ニューヨーク州）	イギリス（イングランド）	フランス	ドイツ	カナダ（オンタリオ州）
種類	助成	公営（税方式）	社会保険	社会保険	公営（税方式）
実施主体	州政府	NHS（国民保健サービス）[3]	保険者	疾病金庫	地方自治体
支援額	自己負担額（年収の10％まで）	100%	100%	50%	100%
対象回数	2回[1]	3回	4回	3回[6]	1回
対象年齢	21～44歳	42歳以下	42歳以下[5]	女性25～40歳 男性25～50歳	43歳未満
所得制限	年収約1,950万円未満[2]	なし	なし	なし	なし
法律婚の要件	なし	なし	なし	なし	なし
その他の主な要件	・民間保険に加入 ・1年以上自然妊娠できない　など	・女性が2年以上不妊 ・地方団体によっては、子どもの数　など	・医学的に不妊と確認されている　など	・治療計画の疾病金庫への事前提出 ・事前面談　など	―
年間実施件数	―	61,726件（48,147名）（2011年）[4]	約59,920件	約11,000～12,000件	約6,000周期、保険対象は約500名
備考	[1]: 出生に至らなかったものは含まない。 [2]: 19.5万ドル（1ドル≒100円の場合）	[3]: 最終的にNHSの対象とするかどうかは、委託先の地方団体が決定。 [4]: 英国全体の数	[5]: 当該年齢の不妊治療の結果は不十分、母胎・胎児のリスクが高い等のため。	[6]: それ以降は、十分な効果が期待できないため、保険で負担しない。（社会法典）	―

スウェーデン（ストックホルム）	韓国	オーストラリア	日本
公営（税方式）	助成	公営（税方式）	助成
県（ランスティング等）	地方自治体（国1/2補助）	連邦政府	都道府県（国1/2補助）
約5,000円/回 年間約1.7万円まで[*7]	約18万円/回[*9]	85%（政府）15%（民間保険）	上限15万円/回[*12]（初回のみ30万円）
2～3回[*8]	4回[*10]	制限なし	初回40歳未満 6回 初回43歳未満 3回
女性39歳以下 男性55歳以下	44歳以下	制限なし[*11]	43歳未満
なし	全国平均月間所得（世帯）の150%以下	なし	年間所得730万円未満（夫婦合算）
なし	あり	なし	あり
県による	—	・妊娠の解決に他に代替手段がない ・重篤な遺伝性疾患の回避（ヴィクトリア州）	—
14,541件（2010年）	45,000件 助成は34,000件（2011年）	66,143件（2013年）	助成112,642件（2011年度）
*7: 350クローナ/回、年間1,100クローナまで（1クローナ≒15.4円の場合） *8: 医学的効果を勘案したため。	*9: 180万ウォン（1ウォン≒0.09円の場合） *10: 子宮内人工授精は3回	*11: 州や医療機関により、上限年齢が推奨されている場合がある（サウスオーストラリア州は50歳を推奨）。	*12: 採卵を伴わない凍結胚移植および採卵したが卵が得られない等のため中止したものは、7.5万円/回。男性不妊治療も対象。

※「不妊に悩む方への特定治療支援事業等のあり方に関する検討会」（厚生労働省、第2回会合（平成25年5月27日）資料7（厚生労働省母子保健課調べ。なお、当資料は未定稿とされている点に注意））を参考に、筆者が一部改変しています。また、オーストラリアについては、注記11の資料に加え、"Assisted reproductive technology in Australia and New Zealand 2013" Alan Macaldowie, Evelyn Lee, Georgina M Chambers（National Perinatal Epidemiology and Statistics Unit, the University of New South Wales, Sept. 2015)等を参考に、筆者が作成しています。婚姻要件については、"IFFS Surveillance 2013" Editor-in-Chief Steven J. Ory（International Federation of Fertility Societies, Oct. 2013)等を参考に、筆者が作成しています。

(参考)　不妊治療の取り扱いの事例（アメリカの保険会社の事例）

ここで参考として、アメリカの保険会社で、過去に生じた不妊治療保障の取り扱いについて、二つの事例を紹介します。

① ユナイテッドヘルスケア社の不妊治療の取り扱い

アメリカの医療保険の大手である、ユナイテッドヘルスケア社は、不妊治療を取り扱っています。同社の医療方針[12]には、基本的な考え方として、不妊の潜在原因の治療は保障するものの、不妊を予防するための体外受精や、代理懐胎は保障対象としないことが記載されています。

不妊の定義としては、12ヵ月以上の適切かつ定期的な避妊なしの性交渉もしくは健康なドナー授精を経ても妊娠に至らないこと（35歳以上の女性については6ヵ月間の妊娠不成立）というASRMの定義を用いています。

医療方針には、完全な医療記録が残されることを前提として、不妊治療の対象もしくは対象外となる、男性・女性それぞれの診断、治療処置、低温保存が定められています。例えば、テストステロンや黄体ホルモンなどのホルモン検査、体外受精などの高度不妊治療、胚の低温保存は対象とされています。一方、インヒビンBの検査、体外成熟培養、精巣または卵巣組織の低温保存は、対象外とされています。

不妊治療保障をカリフォルニア州で取り扱う際は、人工授精については妊娠に至らない場合、一定の最大給付回数を定めています。この最大給付回数は、同社の保険プランを通じて、個々の加入者で累積されていきます。排卵誘発剤や、注射可能な薬剤、注射器は不妊治療の補足給付としてカバーされます。内科医の施術、処置、診断、薬剤を含む全ての費用給付は、50％の自己負担でカバーされます。

---

12 同社の不妊診断と治療の医療方針(Medical Policy：Infertility Diagnosis and Treatment)をベースとしています。なお、同社の規程には、各州に適用される包括的な規程と、カリフォルニア州における規程の2つがあります。

② エトナ社の不妊治療保障の取り扱い停止事例

　エトナ社は、アメリカで医療保険を取り扱っています。同社は、1990年代に不妊治療を保障するプランを初めて発売しましたが、3年後にその取り扱いを停止しました。同業のシグナ社の動向も含めて、その経緯を見てみましょう。

エトナ社およびシグナ社の、不妊治療保障の取り扱い　（1990年代）

　エトナ社は、1995年1月、マネージドケアであるHMO、POSに基本プランとして、ART[14]を保障する不妊治療保障を業界で初めて導入した。これにより、同プランに加入すると自動的に高度不妊治療が保障されることとなった。その内容は、体外受精、卵子・精子卵管内移植法、受精卵卵管内移植法にかかる費用を毎回1万ドルまで保障するというものであった。発売後3年間、同社は予想した以上の契約を獲得した。不妊治療保障を切望する多くの夫婦が、同社のプランを導入するよう雇用主に要求したのである。このプランは、受療者が高額な不妊治療を利用できるようにと、個人保険ではなく団体医療保険として提供されており、実際に、受療者はこの保険を一斉に利用した。

　1998年4月、エトナ社は、不妊治療保障を強制している州を除いて、このプランからART保障を外した。同社は、公式にはその経緯を明らかにしていない。しかし、同社の広報担当者は取り扱い停止の理由を、「他の保険会社も、我々に追随してこの給付を提案してくると思っていたが、そうならなかった。人々は不妊治療の給付ばかりを求めて、我々のプランに加入してきた。プランに加入して不妊治療サービスを利用した後は、すぐにプランを脱退してしまうような動きがあった」と説明している。保障に要する費用も、問題であった。同社はART保障を外すという決定が、費用と関係していることを認めているが、具体的な数値は公表していない。

　2つの運動団体（Resolve[15]とASRM）は、「エトナ社は無責任だ。これは、両足を骨折した患者の右足の治療は保障するのに、左足の治療は保障しないようなものだ」と、公然と批判した。

---

13 ARTはAdvanced Reproductive Technologyの略で、先進再生治療技術を指します。
14 The National Infertility Associationの別称で、国立不妊協会（不妊に関する非営利組織）を指します。

同社はART保障をプランから外すことを公表して1週間後に、団体医療保険の特約として、雇用主が余剰資金で購入する保障の形で、ART保障を提供すると発表した。同社の社長は、「どの保障に加入するかは雇用主が決定すべきであり、保険会社が決めるべきものではない」と述べている。その後、同社は、基本プランで、手術、薬剤、人工授精といった不妊治療の保障を行い、特約でART保障を提供している。

　なお、シグナ社も、特約形態でART保障の提供を行っている。雇用主は、通常の健康保険に付加する形でのみ、この特約を付保することができる。特約の保険料は、保険会社と雇用主との特別な契約で定められている。雇用主は、受療者の自己負担額を設定したり、施術に給付回数限度を設けたりしている。

　エトナ社のART保障に関する不妊治療保障が広まらなかったことは不幸なことだ。これについて、ASRMは、「責任の一端は、雇用主にも向けられなくてはならない。保障は大抵、雇用主によって決められる。雇用主が、医療保険プランに不妊治療保障を入れたいのなら、彼らはそうするはずだ」と述べている。

※ 新聞の記事等[15]をベースに、筆者まとめ

---

15 次の3つの記事を参考にしています。"Aetna is reducing fertility benefits"The New York Times Jan.10,1998、"Aetna US Healthcare cuts infertility benefits"Los Angeles Times Jan.10,1998、"Paying the price for infertility"Insure.com Aug.10,2004

著者略歴

白水　知仁（第1章）
（株）ニッセイ基礎研究所　客員研究員（日本生命保険相互会社支払サービス部主任査定医長）
日本肥満学会評議員
日本保険医学会評議員
日本医師会認定産業医
1984年　日本生命保険相互会社入社
2012年より現職

村松　容子（第2章）
（株）ニッセイ基礎研究所　保険研究部　研究員
2003年　ニッセイ基礎研究所入社

井上　智紀（第3章）
（株）ニッセイ基礎研究所　生活研究部　准主任研究員
1995年　（公財）生命保険文化センター　入社
2004年　（株）ニッセイ基礎研究所社会研究部門　入社
2006年　同　生活研究部門
2013年より現職

松岡　博司（第4章）
（株）ニッセイ基礎研究所　保険研究部　主任研究員
1981年　日本生命保険相互会社入社
1994年より現職

篠原　拓也　（第5章、第6章）
（株）ニッセイ基礎研究所　保険研究部　主任研究員・年金総合リサーチセンター兼任
1992年　日本生命保険相互会社入社
2014年より現職

みんなに知ってほしい
不妊治療と医療保障

初版年月日	2017年1月15日
編者	㈱ニッセイ基礎研究所
発行所	㈱保険毎日新聞社
	〒101-0032 東京都千代田区岩本町1－4－7
	TEL03-3865-1401（代）／FAX03-3865-1431
	URL http://www.homai.co.jp
発行人	真鍋幸充
編集	内田弘毅
編集協力	大西華子
デザイン	中尾　剛（有限会社アズ）
印刷・製本	有限会社アズ

ISBN 978-4-89293-277-9
© NLI Research Institute（2017）
Printed in Japan

本書の内容を無断で転記、転載することを禁じます。
乱丁・落丁はお取り替えいたします。